Joachim Erfkamp

So blühen und gedeihen
Orchideen

Franckh - Kosmos

Die Freude an seiner ersten Orchidee ist oft der Beginn ...

... einer langjährigen Leidenschaft für diese faszinierenden Pflanzen.

Inhalt

Pracht, die Lust auf mehr macht

Cattleya Hazel Boyd (oben)
Cattleytonia Keith Roth x *Cattleya aclandiae* (unten)

Interessantes Wissen

Seine Orchideen kennenlernen

Die Orchidee umgibt das Flair des Geheimnisvollen und der Exotik. Viel Seltsames und Sonderbares rankt sich um sie. Erleben Sie mit Ihren eigenen Orchideen von dieser Faszination!

Ada aurantiaca **ist den Lilien äußerlich sehr ähnlich.**

Paphiopedilum primulinum

EDLE ORCHIDEE – ROBUSTE ZIMMER-PFLANZE

Die Orchideen waren die ersten Pflanzen, die nur um ihrer Schönheit willen gepflegt wurden. Aus China ist überliefert, daß Konfuzius den Duft der Orchideen besonders zu schätzen wußte. In Europa begann die Orchidomanie im 18. und 19. Jahrhundert, als Sammler die ersten Orchideen aus den Kolonien in Südostasien mitbrachten. Lange Zeit waren die Orchideen den Wohlhabenden vorbehalten.

Erst mit der Einführung der Zentralheizung war es jedem möglich, sich ein Stück tropischer Exotik auf die eigene Fensterbank zu holen. Dabei stellt es sich heraus, daß Orchideen sich an die Gegebenheiten der Zimmerkultur besser anpassen können als andere tropische Pflanzen. Weil sie so robust sind, haben sie heute einen festen Platz im Angebot des Handels.

Lilien sind die nächsten Verwandten der Orchideen.

Phalaenopsis Babette hat typische Orchideenblüten.

ne den Erdboden möglich. Die Wurzeln sind zu Haftorganen ausgebildet, mit denen sich die Orchidee auf der Rinde festhält. Sie werden umschlossen von einer Schicht toter Zellen, dem Velamen. Es schützt die Wurzel vor Austrocknung und kann bei Regen viel Wasser aufnehmen, speichern und an die Wurzel abgeben.

AUS DEM ORCHIDEENLEBEN

Mit über 30 000 Arten liegen die Orchideen mit den Korbblütlern (z. B. Astern) im Wettstreit, die größte Pflanzenfamilie zu sein. Dazu kommen etwa 100 000 Kreuzungen. Von landwirtschaftlicher Bedeutung ist dabei nur eine: die Samenkapsel von *Vanilla planifolia*.

Sie ist der Lieferant für natürliches Vanillearoma. Früher wurden Orchideen oft als „Parasitos" oder als Schmarotzer bezeichnet. Das ist aber botanisch nicht richtig. Orchideen nutzen wie Bromelien, Tillandsien und viele Farne ihre Wirtsbäume nur als Unterlage. Sie heißen daher Epiphyten! Eine Reihe von Anpassungen macht ihnen das Leben oh-

Um sich am Tag vor Austrocknung zu schützen, halten viele Orchideen ihre Atmungsorgane, die Spaltöffnungen ihrer Blätter, geschlossen. In der kühleren Nacht werden sie geöffnet, um das für die Photosynthese wichtige Kohlendioxid aufzunehmen. Auch das ist eine Anpassung an die Trockenheit der epiphytischen Lebensweise.

DER REIZ DER ORCHIDEENBLÜTE

Die nächsten Verwandten der Orchideen sind die Lilien. Das ist besonders deutlich an den Blüten zu sehen. Die Orchideenblüte hat wie die der Lilien drei äußere Blütenblätter, Sepalen genannt, und drei innere, die Petalen. Eines davon unterscheidet sich von den anderen Petalen, nämlich die sogenannte Lippe. Orchideen werden von Insekten oder Vögeln bestäubt, und oft bietet die Lippe einen Landeplatz für den Bestäuber.

Bei den Frauenschuharten ist die Lippe zu einer Art ‚Fallgrube‘ ausgebildet, an deren Ausgang Insekten die Blüte bestäuben müssen. Narbe, Griffel und Staubblätter sind bei den Orchideen zu einem besonderen Organ verwachsen, der Säule. An der Spitze der Säule sitzen unter einer Kappe die zu Pollinien verklebten Pollen. Die Narbe liegt unterhalb davon. Grundsätzlich sind alle Orchideen von der Anlage her mehrblütig, bei einigen entwickelt sich aber immer nur eine Anlage zur Blüte.

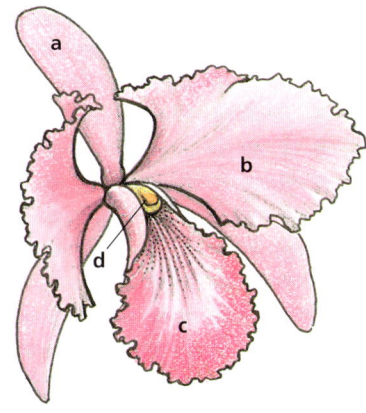

Bauplan einer *Cattleya*-Blüte:
a) äußere Blütenblätter
   (Sepalen)
b) innere Blütenblätter
   (Petalen)
c) Lippe
d) Säule

Cattleya bicolor-Hybride

Odontoglossum Feuerkugel

Laeliocattleya Rojo

Vanda-Arten und -Hybriden wachsen monopodial.

Sympodialer Wuchstyp

Sympodiale Orchideen wachsen ausläuferähnlich. Bei ihnen bildet sich aus einem Wurzelstock oder aus der Basis des letzten Triebes ein Neutrieb. Die meisten sympodialen Gattungen bilden knollenartige oder keulenförmige Verdickungen, die sogenannten Pseudobulben, auch gern kurz als „Bulben" bezeichnet.

Monopodiale Orchideen haben einen Stamm mit sich auf beiden Seiten meist dachziegelartig überlappenden Blättern. Die Blütenstiele, Luftwurzeln und manchmal auch Kindel kommen aus den Blattachseln.

Oft werden die älteren unteren Blätter abgeworfen.

Monopodialer Wuchstyp

DIE SELTSAMEN WUCHSFORMEN

Man unterteilt die Orchideen anhand ihrer Wuchsformen in zwei große Gruppen: die monopodialen Orchideen, wie z.B. *Vanda, Phalaenopsis* und *Angraecum,* und die sympodialen, wie *Cattleya* oder *Oncidium.* Monopodial bedeutet einsprossig, sympodial dagegen heißt mehrsprossig.

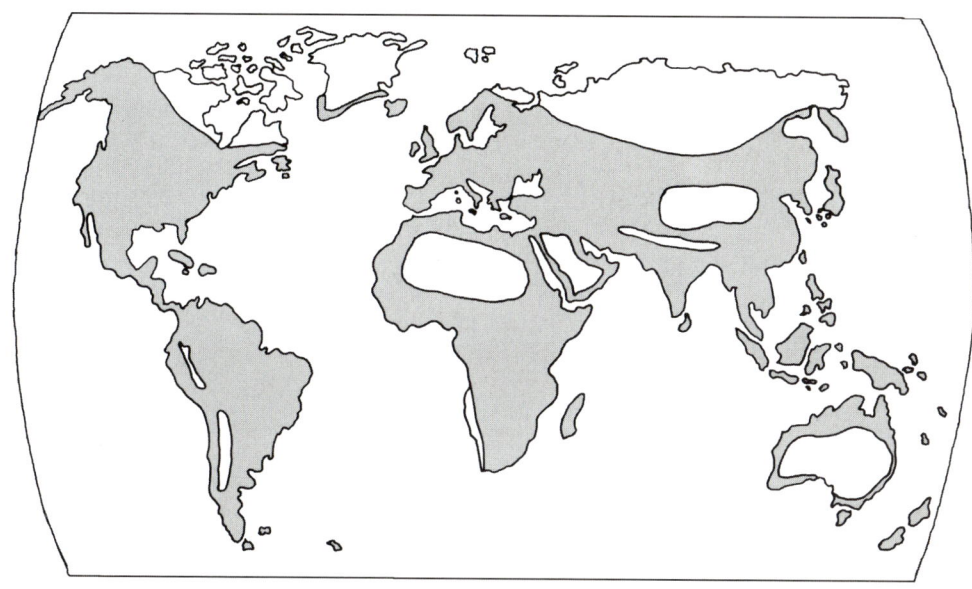

Überall, wo auf der Karte Grau zu sehen ist, wachsen auch Orchideen.

ORCHIDEEN SIND WELTENBUMMLER

Wußten Sie, daß es in Sibirien Orchideen gibt? Dort wächst z. B. *Cypripedium macranthum*. Die wunderschöne *Calypso bulbosa* findet man in Norwegen und Alaska. Auf Kakteen in der mexikanischen Halbwüste wachsen *Oncidium*-Arten, und in den kolumbianischen Anden findet man *Masdevallia racemosa* in Höhen zwischen 2 900 und 4 200 m im kalten, rauhen Hochlandklima. Es ist also ein Vorurteil, daß Orchideen nur im feuchtheißen Tropenklima gedeihen können. Eigentlich gibt es nur dort keine, wo es für Pflanzen zu unwirtlich ist: in den großen Wüsten, auf den Hochgebirgsgipfeln und in den Polarregionen. Das bedeutet für den Orchideenfreund, daß es praktisch für jeden Ort daheim eine passende Pflanze gibt. Man sollte seine Gegebenheiten genau kennen und dann die Orchidee aussuchen, die dazu paßt. Das ist immer besser, als zu versuchen, für eine bestimmte Pflanze unter großem technischen Aufwand die passenden Pflegebedingungen zu schaffen.

Oncidium-**Hybride**

Phalaenopsis Venus x *venosa* im Ausstellungsraum einer Orchideengärtnerei (großes Bild) –
Kontrolle des Wurzelballens bei *Laelia* (kleines Bild)

So blühen und gedeihen sie!

Kaum eine Zimmerpflanze zeigt sich so anpassungsfähig wie die Orchidee, wenn man einige wenige, aber wichtige Grundregeln der Pflege beachtet.

Odontocidium Susan Kaufman – gut geeignet für die Pflege auf der Fensterbank (oben)
Phalaenopsis mariae – eine im Sommer blühende Naturform (ganz oben)

Warm und kühl nebeneinander: *Phalaenopsis* **liebt die Wärme,** *Oncidium* **wächst eher kühl-temperiert.**

ORCHIDEEN RICHTIG EINKAUFEN

Wenn man die wunderbaren Orchideen in einer Gärtnerei oder in einem Blumengeschäft sieht, fällt es einem schwer, zu widerstehen. Orchideen sind allerdings keine „Einwegpflanzen" und haben bei richtiger Pflege ein sehr langes Leben. Damit man dauerhaft Freude an seinen Pfleglingen hat, sollte man ein paar Dinge unbedingt beachten:

▶ Prüfen Sie, an welchem Platz die Pflanze stehen soll.
▶ Können Sie die Bedürfnisse der Pflanze erfüllen? Im Zweifel ist es besser, sich zuerst zu informieren und die Pflanze dann zu kaufen.
▶ Form, Farbe und Haltung der Blüten sollen gleichmäßig sein. Zu knospige Pflanzen werfen bei drastischem Standortwechsel leicht die Knospen ab.

▶ Beim Kauf sollte man sich nicht nur von der Blüte beeindrucken lassen. Ebenso wichtig ist z. B. der Zustand des Blattwerks. Es sollte eine frische grüne Farbe haben. Vorsicht ist bei allzuviel Glanz geboten: Hier wurde mit Blattglanz aus der Sprühdose nachgeholfen und geschönt.
▶ Wichtiges Kennzeichen für den Gesundheitszustand der Pflanze sind die Wurzeln. Viele Orchideen bilden auch außerhalb des Topfes Luftwurzeln. Wenn die Pflanze in vollem Wachstum ist, sind die Wurzelspitzen frisch und grün. Finden sich alle Wurzeln außerhalb des Topfes und so gut wie keine im Pflanzstoff, ist das kein gutes Zeichen.
▶ Lassen Sie die Pflanzen für den Transport in Papier einpacken. Man findet leider viele Orchideen in Kunststofftüten verpackt. Diese setzen oft Ethylen-Gas frei, das bei Orchideen frühzeitigen Knospenfall bewirkt.

TIP: Achten Sie darauf! Ethylen-Gas entströmt auch reifendem Obst und kann so zu Hause zum Abwerfen der Knospen führen, wenn Äpfel, Bananen etc. in der Nähe der Orchideen gelagert werden.

DER LICHTBEDARF DER ORCHIDEEN

Licht ist einer der wichtigsten Umweltfaktoren für alle grünen Pflanzen. Mit Hilfe des Chlorophylls, des Blattgrüns, wird es eingefangen und seine Energie für die Photosynthese nutzbar gemacht. Photosynthese ist der Vorgang, bei dem in der Pflanze aus dem Kohlendioxid der Luft und aus Wasser Traubenzucker hergestellt wird. Das ist der Grundbaustein, aus dem viele Teile des Pflanzenkörpers aufgebaut werden. Bekommt die Pflanze zuwenig Licht, kann die Photosynthese nicht ablaufen, und die Orchidee verhungert. Bei zuviel Licht wird ein Teil davon in Wärme verwandelt, und die Blätter werden braun.

Richtiger Standort
Orchideen haben sich an ihren natürlichen Standort angepaßt. Einige wachsen im tiefen Schatten der Urwaldriesen, andere sind dem vollen Licht der Tropensonne ausgesetzt. Was beide gemeinsam haben: Das Licht fällt das ganze Jahr über gleichmäßig ein, denn in den Tropen gibt es kaum ausgeprägte Jahreszeiten. Anders ist es bei uns. Im Sommer sind die Tage lang und hell, im Winter kurz und relativ dunkel.

▶ Um im Sommer die Lichtflut einzudämmen, muß etwas schattiert werden, z. B. mit einer Gardine.
▶ Im Winter muß die Schattierung entfernt werden. Beobachten Sie das Blattwerk der Pflanze: Ist es dunkelgrün, kann sie etwas mehr Licht vertragen, ist es gelbgrün oder rötlich, steht die Pflanze zu hell.
▶ Entscheidend ist auch die Entfernung zwischen Fenster und Pflanze. Bereits in einem Abstand von 1 m zur Scheibe hat sich die Lichtmenge mehr als halbiert. Lichthungrige Orchideen wie *Cattleya, Dendrobium* oder *Vanda* müssen dicht am Fenster stehen, während *Phalaenopsis, Miltonia* und *Bulbophyllum* in der zweiten Reihe besser aufgehoben sind.
▶ Orchideen gewöhnen sich langsamer an stark wechselnde Standortbedingungen, als andere Pflanzen.

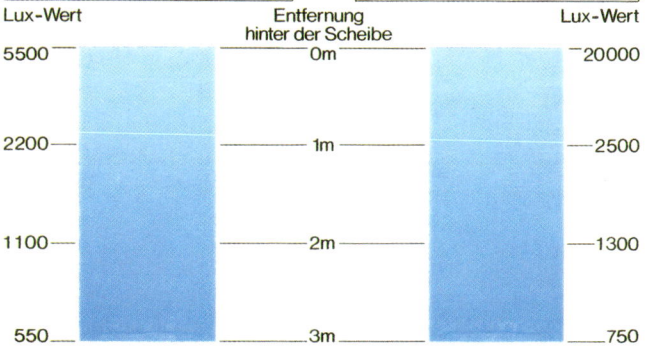

Lux-Wert	Entfernung hinter der Scheibe	Lux-Wert
5500	0m	20000
2200	1m	2500
1100	2m	1300
550	3m	750

Schattierung und Entfernung von der Scheibe haben großen Einfluß auf die Lichtmenge, links mit, rechts ohne Gardine.

Coelogyne mooreana liebt die Kühle.

Vuylstekeara-Hybriden ziehen temperierte Räume vor.

Dendrobium biggibum wächst warm-temperiert.

DIE RICHTIGE TEMPERATUR

Orchideen wachsen in vielen Klimaregionen, wobei leichte Abweichungen geduldet werden. Man kann die vielen verschiedenen Temperaturzonen, in denen unsere Orchideen leben, für die Kultivierung auf nur drei Temperaturbereiche reduzieren: kühl, temperiert und warm.
Einen Überblick über diese drei Bereiche gibt die untenstehende Tabelle. Wichtig ist dabei, daß nicht nur die maximalen Temperaturen ausschlaggebend sind, sondern auch der Unterschied zwischen der höchsten Tages- und der niedrigsten Nachttemperatur. Diese Differenz regt viele Orchideen zu bestimmten Zeiten zur Blütenbildung an.
Die Hochgebirgsregionen der Anden mit ihren Nebelwäldern sind immer gleichmäßig kühl. In den Monsunregionen Südostasiens gibt es einen gewissen jahreszeitlichen Temperaturrhythmus, an den sich die Pflanzen angepaßt haben und der für das Ansetzen der Blüten zur richtigen Zeit verantwortlich ist. In den tropischen Regenwäldern dagegen bleiben die Temperaturen über das Jahr hinweg relativ konstant. Dies muß bei der Pflege berücksichtigt werden.

DIE 3 TEMPERATURZONEN FÜR DIE ORCHIDEENKULTUR

kühler Bereich:		temperierter Bereich		warmer Bereich	
tagsüber:	15 °C	tagsüber:	20 °C	tagsüber:	25 °C
nachts:	8 °C	nachts:	14 °C	nachts:	20 °C
Maximalwert:	25 °C	Maximalwert:	30 °C	Maximalwert:	35 °C
Minimalwert:	5 °C	Minimalwert:	12 °C	Minimalwert:	16 °C

Angegeben sind die durchschnittlichen Tages- und Nachttemperaturen. Der Maximalwert ist die höchste, der Minimalwert die niedrigste Temperatur, die kurzzeitig ohne Schaden vertragen wird.

PFLANZSTOFFE FÜR ORCHIDEEN

Die meisten unserer Orchideen sind an eine Lebensweise als ‚Aufsitzer' auf Bäumen angepaßt. Die Wurzeln geben der Pflanze Halt auf der Rinde und nehmen mit dem Velamen (s. S. 6) Wasser auf. Sie sind immer von frischer Luft umgeben. Anders als bei im Boden wachsenden Pflanzen, gibt es bei Orchideen z. B. keine Wurzelhaare, und in einem Substrat wie Blumenerde sterben selbst die Wurzeln der meisten Erdorchideen (z. B. Frauenschuh) sehr schnell ab.

Der Pflanzstoff soll den Orchideen Halt geben, um die Wurzeln herum eine feuchte Atmosphäre schaffen und, besonders wichtig, Luft an die Wurzeln heranlassen. Es ist sehr viel experimentiert worden, aber letztendlich gibt es nur zwei Hauptkomponenten. Das sind **Torf** und **Rinde**. Torf hält gut die Feuchtigkeit und enthält selbst so gut wie keine Nährstoffe. Rinde hat eine große Oberfläche, wenig eigene Nährstoffe und ist strukturstabil. **Zuschlagstoffe** verbessern die Eigenschaften des Pflanzstoffs: Styropor und Kork verbessern die Durchlüftung des Substrats. Perlite und Vermiculite können Spurenelemente aufnehmen, speichern und langsam wieder abgeben. Aktivkohle adsorbiert schädliche Stoffwechselprodukte. Durch Dämpfen sterilisiertes Buchenlaub setzt langsam Nährstoffe frei.

Wichtig für die Orchidee ist, daß sie immer im gleichen Substratgemisch steht, denn häufige Umgewöhnung fällt ihr sehr schwer.

Wie können Pflanzen in einem Pflanzstoff leben und wachsen, der so wenig Nährstoffe enthält? Orchideen sind echte Hungerkünstler, die mit geringem Nährstoffangebot auskommen. Außerdem leben vor allem auf der Rinde Pilze und Bakterien, die den Pflanzstoff langsam zersetzen und so Nährstoffe freigeben. 80% von zugeführtem Dünger werden von diesen Mikroorganismen verbraucht. Damit diese für die Orchideen sehr wichtige Flora existieren kann, darf das Substrat niemals ganz austrocknen. Nach etwa zwei Jahren haben die Mikroorganismen den Pflanzstoff zersetzt, dann muß umgetopft werden. Geschieht das nicht, können die Pilze und Bakterien absterben. Aus ihnen freigesetzte Nährstoffe können eine tödliche Überdüngung bewirken.

Orchideensubstrat: Torf, Rinde und Zuschlagstoffe

Eintopfen oder Aufbinden?

Übrigens kann man seine Orchideen in fast allen Orchideengärtnereien zu erschwinglichen Preisen umtopfen lassen. Dort zeigt man ihnen gern auch, was im einzelnen dabei zu beachten ist. Grundsätzlich kann man seinen Pflanzstoff zwar selbst mischen, aber gleichbleibende Qualität, und das ist für die Orchideen sehr wichtig, erreicht man besser mit Substratmischungen aus der Fachgärtnerei.

Viele Orchideen wachsen als Epiphyten ohne Erde auf der Rinde ihrer Wirtsbäume. Wenngleich viele davon bei uns recht gut im Topf in Orchideensubstrat gedeihen und nur wenige Ausnahmen ausschließlich ohne Substrat wachsen, liegt es aber nahe, die natürlichen Bedingungen so weit wie möglich nachzuahmen und die Pflanzen auch „am Block" wachsen zu lassen.

Dryadella liliputiana wächst am besten in Blockkultur.

In unseren Wohnzimmern sind die dazu nötigen Rahmenbedingungen wie Temperaturrhythmus und ausreichende Luftfeuchte nur mit großem Aufwand zu erreichen.

Bevor man sich also für die Kultur auf Korkrinde, Robinienholz oder Baumfarnbrettchen entscheidet, sollte man sich über die Konsequenzen im klaren sein. Die Pflanzen brauchen dann eine höhere Luftfeuchtigkeit, müssen regelmäßig besprüht und zur Düngung getaucht werden. Sie sind anfälliger gegen Krankheiten und Schädlinge. Empfehlenswert ist diese Blockkultur also hauptsächlich im Gewächshaus, wo die Rahmenbedingungen leichter zu schaffen sind. Dort wachsen und blühen viele Orchideen-Arten am Block dann auch besser als im Topf.

Erdorchideen wie *Paphiopedilum* gedeihen nur im Topf.

GIESSEN UND DÜN-GEN

Einer der größten Vorteile der Blockkultur ist, daß die Pflanzen nach dem Wässern schnell wieder abtrocknen. In der natürlichen Umgebung fällt vielleicht mehrmals am Tag starker Regen, aber zwischendurch werden die Wurzeln durch den Wind schnell wieder getrocknet. Im Topf dagegen ist es nach dem Gießen für lange Zeit gleichmäßig feucht. Es ist erstaunlich, wie lange Orchideenpflanzstoff Wasser zu speichern vermag. In den meisten Fällen genügt es völlig, die Pflanzen einmal in der Woche gründlich zu gießen. Wegen der für die Orchidee wichtigen Mikroorganismen darf das Substrat aber nie ganz durchtrocknen. Gießen Sie, wenn möglich,

Papilionanthe teres (früher Vanda) am Naturstandort

Phalaenopsis sumatrana

mit Regenwasser, so wie Orchideen auch in der Natur dieses kalkfreie Wasser bekommen. Geht das nicht, kann man Leitungswasser mit destilliertem Wasser aus der Haushaltsabteilung des Kaufhauses im Verhältnis 2:1 mischen.
Während des Wachstums brauchen Orchideen (und die Mikroorganismen im Substrat) Düngestoffe. Handelsübliche Orchideendünger sind auf die Bedürfnisse dieser Pflanzen optimal abgestimmt.
Wenn kein Orchideendünger zu bekommen ist, kann man normalen Grünpflanzendünger, in einer halb bis viertel so starken Konzentration wie auf der Packung angegeben, verwenden.

Brassolaelia **Richard Muller**

KLEINES 1 X 1 DES UMTOPFENS

Nach etwa zwei Jahren ist der alte Pflanzstoff verbraucht. Spätestens dann muß man umtopfen. Eventuell ist dies aber schon früher notwendig. Schnell wachsende Pflanzen oder solche, die zwischen den Pseudobulben lange Rhizomstücke haben (s. Bild rechts), erreichen sehr rasch den Rand des Topfes. Der beste Zeitpunkt ist, wenn sich die ersten Wurzelspitzen am Neutrieb zeigen. Wenn die neuen Wurzeln nämlich länger als

1 cm sind, brechen sie sehr leicht.
Vor dem Umtopfen läßt man die Pflanze abtrocknen. Die folgenden Schritte sind einfacher, wenn der Pflanzstoff nicht zu feucht ist. Bei Plastiktöpfen löst man durch leichtes Kneten des Topfes die Wurzeln von der Topfwand. Dann nimmt man vorsichtig den Ballen aus dem Topf und entfernt so viel vom alten Pflanzstoff

wie möglich. Als nächstes müssen alle abgestorbenen und faulenden Wurzeln mit einer Schere komplett entfernt werden. Gesunde Wurzeln fühlen sich fest an. Kranke oder tote Wurzeln sind weich und braun. Die äußeren Schichten lassen sich leicht vom Mittelfaden abziehen. Wenn beim Umtopfen Wurzeln brechen, ist das nicht schlimm, solange der Mittelfaden intakt ist.

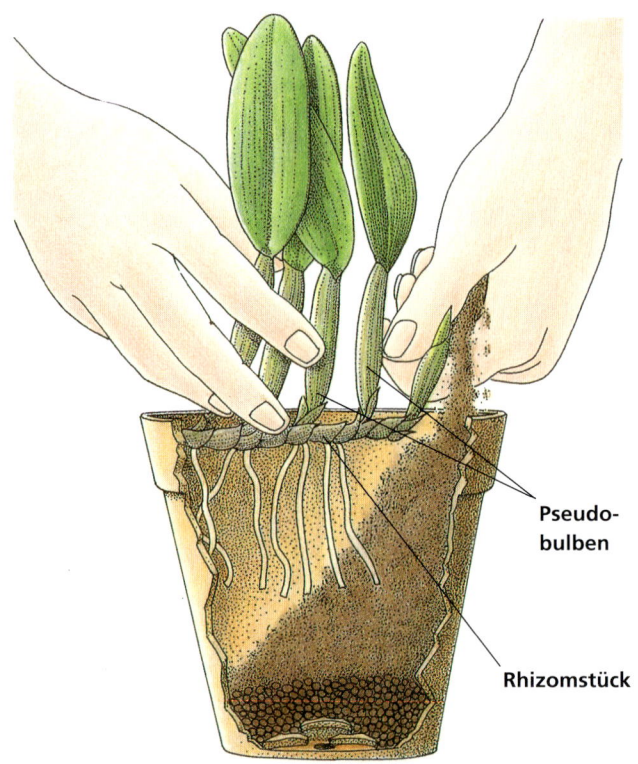

Pseudobulben

Rhizomstück

Sympodiale Orchideen setzt man mit dem Fronttrieb möglichst weit vom Topfrand entfernt.

Der neue Topf sollte nicht mehr als 2 cm größer sein als der alte. Unten hinein kommen Styroporflocken als Drainage. Monopodiale Orchideen setzt man in die Topfmitte. Sympodial wachsende Pflanzen werden so im Topf plaziert, daß die Neutriebe möglichst weit vom Topfrand entfernt sind, damit sie eine möglichst lange Zeit ungestört wachsen können.

Nachdem man die Pflanze in den Topf gesetzt hat, wird nun zwischen die Wurzeln fest, aber vorsichtig neuer Pflanzstoff gestopft. Das Rhizom sollte dabei nicht bedeckt werden. Füllen Sie das Substrat nur bis etwa 2 cm unter den Topfrand ein, damit ein Rand entsteht. Dieser „Gießrand" verhindert Überschwappen beim Gießen. Die Pflanze wird an Stäben

festgebunden, bis ihr die neuen Wurzeln Halt geben. Dann bekommt die Orchidee noch ein Etikett, auf dem außer dem Namen auch das Umtopfdatum vermerkt sein sollte. Gegossen wird erst am nächsten oder übernächsten Tag, damit keine Bakterien in entstandene Bruch- und Schnittstellen eindringen und zu Fäulnis oder Krankheit führen können.

Nachdem die Orchidee im Topf plaziert wurde, wird Pflanzstoff eingefüllt (links). Bis ihr die neuen Wurzeln Halt geben, muß die Pflanze festgebunden werden (rechts).

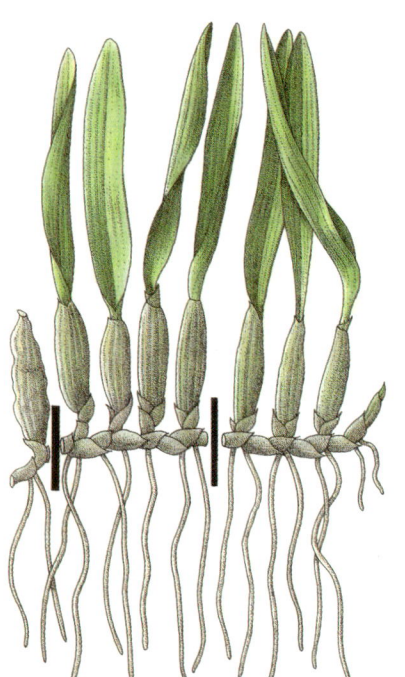

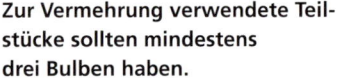

Zur Vermehrung verwendete Teilstücke sollten mindestens drei Bulben haben.

Rückbulben und Teilstücke ohne Wurzeln sollten in „gespannter Atmosphäre" bewurzelt werden.

ORCHIDEEN VER-MEHREN

So geht's durch Teilung

Während des Umtopfens können zu groß gewordene Pflanzen geteilt werden. Man sollte sich diesen Schritt sehr genau überlegen, denn je größer eine Orchidee ist, desto schöner und kräftiger sind auch ihre Blüten. Will man eine Schaupflanze heranziehen, sollte man auf baldiges Teilen verzichten. Andererseits kann man mit Teilstücken eine seltene Pflanze auch vermehren und erhalten. Der Schnitt wird mit einem sauberen Messer, das in einer Flamme sterilisiert wurde, so durchgeführt, das jeweils mindestens drei Bulben an jedem Teilstück verbleiben. Auch einzelne Rückbulben, das sind alte, blattlose Bulben, können wieder zum Austreiben gebracht werden, wenn sie noch Vegetationspunkte, sogenannte „Augen", haben. Es kann aber mehrere Jahre dauern, bis solche Stücke wieder zu blühen beginnen. Rückbulben oder Teilstükke, die keine funktionierenden Wurzeln mehr haben, kann man trotzdem zum Austreiben bringen, indem man eine Plastiktüte über den Topf stülpt, um die Luftfeuchtigkeit zu erhöhen. Die Gefahr dabei besteht darin, daß sich in der gespannten Luft auch Bakterien und Pilze gut entwickeln. Man sollte daher vorher eine Fungizidbehandlung durchführen und die Tüte rechtzeitig entfernen.

und nach der Jungpflanze ab, bei *Dendrobium* schneidet man das Kindel mit einem Stück der Bulbe heraus. Die Schnittstellen werden mit Aktivkohle desinfiziert und die Jungpflanze in Pflanzstoff feiner Körnung eingetopft. Da sie bisher von der Mutterpflanze ernährt wurden, müssen sie ihre Wurzeln erst umstellen und brauchen dabei eine höhere Luftfeuchtigkeit.

Orchideen aussäen

Orchideensamen haben kein Nährgewebe wie z. B. Weizenkörner. In der Natur leben sie in Symbiose mit Pilzen, die sie ernähren, in der Kultur stellt der Mensch alle Nährstoffe in sterilen Nährmedien zur Verfügung. Dazu benötigt man ein eigens eingerichtetes Labor. Wenn Sie vorhaben, Orchideen durch Samen zu vermehren, geben Sie die Samenkapsel an einen Orchideenzüchter, der sie für Sie aussät.

Die Sämlinge werden regelmäßig auf frisches Nährmedium umgelegt. Sobald sie nach 1 – 2 Jahren eine bestimmte Größe erreicht haben, pikiert man sie zum ersten Mal in Orchideensubstrat. Vom Samen bis zur Blüte dauert es bei *Phalaenopsis* etwa vier Jahre, bei *Paphiopedilum rothschildianum* bis zu 25!

Kindel an einer *Phalaenopsis*

Vermehren durch Kindel

Einige Orchideen bilden an den Blütenständen oder an den Bulben Kindel aus. Bei großen Schaupflanzen ergibt das eine großartige Wirkung. Man verwendet diese Kindel zur Vermehrung seltener Klone, da sie erbgleich mit der Mutterpflanze sind.

Allerdings sollte man darauf achten, daß die Wurzeln des Kindels genügend ausgebildet sind. Bei *Phalaenopsis* und *Oncidium* schneidet man den Blütenstiel vor

***Sophrolaeliocattleya* California Apricot 'Clyde'**

Fransenflügler oder Thrips

Grüne Blattläuse

Spinnmilbe (Rote Spinne)

WENN ORCHIDEEN KRANK WERDEN

Im allgemeinen sind Orchideen gegenüber Schädlingen und Krankheiten nicht empfindlicher als andere Zimmerpflanzen. Im Gegenteil: Viele Schädlinge, die Orchideen befallen, sind oft durch Begleitpflanzen in den Kulturraum gelangt. Man findet dies häufig bei Weißer Fliege, die von Fuchsien oder Thorenien aus auf Miltonien und andere weichblättrige Orchideen übergehen, oder bei Roter Spinne, die oft mit Efeu eingeschleppt wird. Es gibt drei wichtige vorbeugende Maßnahmen, mit denen man seinen Orchideenbestand schädlingsfrei halten kann:

▶ Die Kulturbedingungen müssen den Bedürfnissen der Orchideen einigermaßen entsprechen (Temperatur, Luftfeuchtigkeit, Gießwassermenge und Licht), damit die Pflanzen gesund und widerstandsfähig sind.

▶ Die Begleitpflanzen müssen frei von Schädlingen sein. Sauberkeit im Kulturraum, egal ob auf der Fensterbank, in der Vitrine oder im Gewächshaus, hilft viele Probleme vermeiden.

▶ Neuerwerbungen bei den Zimmerpflanzen sind, wenn sie aus qualifizierten Fachgeschäften stammen, in der Regel schädlingsfrei. Wer über die Herkunft nicht genau Bescheid weiß, kann seinen Neuling sicherheitshalber abseits der anderen Orchideen zunächst in Quarantäne stellen und ihn dort beobachten.

Irgendwann einmal kann es trotz aller Sorgfalt passieren, daß man sich Schädlinge in seine Orchideensammlung einschleppt. Vor allem auf der Fensterbank kann man dann natürlich nicht leichtfertig mit Gift umgehen. Es gibt eine Reihe von Sprühpräparaten. Wenn man sich aber für ein solches Mittel entscheidet, sollte man die Anwendung nur im Freien durchführen und die Pflanze anschließend für einige Zeit so unterbringen, daß sie weder für Kinder noch für Haustiere zugänglich ist. Beim Einsatz von Pflanzenschutzmitteln im kleineren Pflanzenbestand kann man die Insektizide mit einem Pinsel ganz gezielt auftragen. Biologische Schädlingsbekämpfung mit Nützlingen ist zwar umweltschonend, bei kleineren Pflanzenbeständen stirbt aber der Nützling, wenn alle Schädlinge ausgerottet sind. Einige Zeit später tritt oft erneuter Befall auf. Bei großen Pflanzenbeständen bildet sich dagegen ein stabiles Gleichgewicht von Schädling und Nützling.

Woll- oder Schmierlaus

Schildläuse: Alt- und Jungtiere

Probleme beseitigen

Zu den wichtigsten Schwierigkeiten hier einige helfende Hinweise:

Fransenflügler (Thrips) und Rote Spinne:

Schadbild: Die Blattunterseite ist gleichmäßig mit zahllosen weißen Punkten (ausgesaugte Zellen) übersät und erscheint silbrig. Die Rote Spinne webt zudem sichtbare Gespinste. Ursache: zu niedrige Luftfeuchte, lange Trockenperiode und geschwächte Pflanzen. Gefährdete Orchideen: *Dendrobium phalaenopsis* und seine Hybriden, *Cymbidium, Epidendrum.* Bekämpfung ist möglich durch Erhöhung der Luftfeuchte. Bei Thripsen Insektizide auf Pyrethrumbasis und Blautafeln verwenden. Bei Roter Spinne helfen Akarizide,

Spritzmittel auf Weißölbasis und bei biologischer Bekämpfung der Einsatz von Raubmilben.

Blattläuse: Schadbild: Befall an jungen Trieben, Blättern und Blüten führt zu Deformierung und später zum Absterben. Ursache: meist zu niedrige Luftfeuchte und zuwenig Luftbewe-

TIP: Bewahren Sie Pflanzenschutzmittel verschlußsicher und unzugänglich für Kinder und Haustiere auf. Beachten Sie die Verwendungshinweise des Herstellers, und entsorgen Sie die Reste entsprechend den Angaben auf der Verpackung, jedoch niemals mit dem Hausmüll oder durch die Kanalisation!

gung. Der Befallsdruck ist durch die hohe Vermehrungsrate sehr groß. Gefährdete Orchideen: alle weichlaubigen Orchideen, bei hartlaubigen Orchideen die Neutriebe und Knospen. Bekämpfung: die Kulturbedingungen optimieren; Insektizide auf der Basis von Pyrethrum verwenden.

***Cymbidium* Mon Cherry**

Die Wurzeln dieser *Phalaenopsis* sind geschädigt.

Schild-, Woll- und Schmierläuse: Schadbild: Man erkennt die Schädlinge oft erst an den absterbenden Blättern, denn sie sitzen meist an der Unterseite, in Blattachseln oder im Pflanzstoff in Wurzelnähe. Ursache ist meist die Schwächung der Pflanze durch lange Trockenheit oder zu geringe Luftfeuchtigkeit. Gefährdete Orchideen sind *Vanda, Dendrobium, Cattleya* und Verwandte sowie *Phalaenopsis.* Zur Bekämpfung können u. a. Spritzmittel auf Weißölbasis und systemische Insektizide eingesetzt werden. Tragen Sie die Insektizide mit einem Pinsel gezielt auf die befallenen Stellen auf. Die Aufwandmenge ist dann wesentlich geringer. Diese Methode hat für Sie zudem den Vorteil, daß Sie mit den Bekämpfungsmitteln weniger in Berührung kommen, als beim Versprühen. Wichtig ist eine Optimierung der Kulturbedingungen.

Wurzelschäden: Das Schadbild zeigt sich meist in einem Austrocknen der Pflanze, obwohl das Substrat genügend feucht ist. Bei *Phalaenopsis* ist oft zu beobachten, daß die Pflanze sehr viele Luftwurzeln bildet, aber sehr lose im Topf sitzt. Die Ursache liegt meist im zu alten Pflanzstoff und in einer geschwächten Pflanze. Als Folge zeigt sich oft Befall durch Fusarium und andere Pilze oder bakterielle Fäulnis. Als gefährdete Orchideen gelten *Paphiopedilum* und andere Orchideen, die wenig oder keine Luftwurzeln bilden.

Bekämpfung ist nur durch sofortiges Umtopfen und Bewurzelung unter einer Folie möglich (vgl. Bild S. 20). Dabei sollten Fungizide verwendet werden.

Botrytis: Das Schadbild äußert sich bei weißen Blüten in schwarzen Flecken, bei Befall von geschwächten Pflanzen in einem grauschimmeligen Belag. Die Ursache besteht in zu hoher Luftfeuchtigkeit und stehender Luft oder Mangel an Frischluft. Gefährdet sind alle Orchideen, die solchen Bedingungen ausgesetzt sind. Die Bekämpfung besteht in einer Optimierung der Kulturbedingungen und eventuell dem Einsatz von Fungiziden.

Botrytis-Befall an einer weißen *Phalaenopsis*-Blüte

PRAKTISCHE TIPS FÜR VIELE STANDORTE

Orchideen als Zimmerpflanzen

In der Anfangszeit und während des ersten „Orchideenfiebers" im 19. Jahrhundert waren die Orchideen nur den begüterten Besitzern von Gewächshäusern vorbehalten. Mit der Einführung der Zentralheizung war es möglich, für Orchideen eine gleichmäßigere Temperatur in den Wohnräumen zu erzeugen. Orchideen wurden noch beliebter, als die Züchter mit der Schaffung von Kreuzungen reagierten, die noch besser an die Zimmerkultur angepaßt waren. Diese Orchideen gediehen in einem Klima, das auch für Menschen angenehm ist: Temperaturen um 20 °C, Luftfeuchtigkeit von 60–70 % und reichlich Frischluft. Vor allem im Frühjahr, Sommer und Herbst macht es im allgemeinen keinerlei Schwierigkeiten, diese Bedingungen einzuhalten. Im Winter dagegen kann es leicht zu einer zu niedrigen Luftfeuchtigkeit kommen. Dem läßt sich aber mit recht einfachen Mitteln entgegenwirken (s. S. 26).

Im Grunde bereitet die **Fensterbankkultur** heute keine Schwierigkeiten mehr,

Eine Fensterbank mit einer bunten Orchideensammlung

wenn man die Zusammenstellung der Pflanzen auf die Bedingungen des jeweiligen Fensters abstimmt. Man sollte darauf achten, in welche Richtung das Fenster zeigt. Ost- und Westfenster sind für die meisten Orchideen geradezu ideal. Ein Südfenster muß im Sommer um die Mittagszeit schattiert werden, wenn dort die Sonne hineinscheint. Man kann aber auch mit Pflanzen schattieren, die Sonne vertragen. Überhaupt wirken Orchideen am besten eingerahmt von passenden, sorgfältig ausgewählten Begleitpflanzen. Farne und Zyperngras erhöhen die Luftfeuchtigkeit durch Verdunstung. Rhipsalis, Tillandsien und Bromelien wachsen auch in der Natur mit Orchideen zusammen.

TIP: Ein Minimum-Maximum-Thermometer und ein Hygrometer geben ihnen Überblick über das Raumklima.

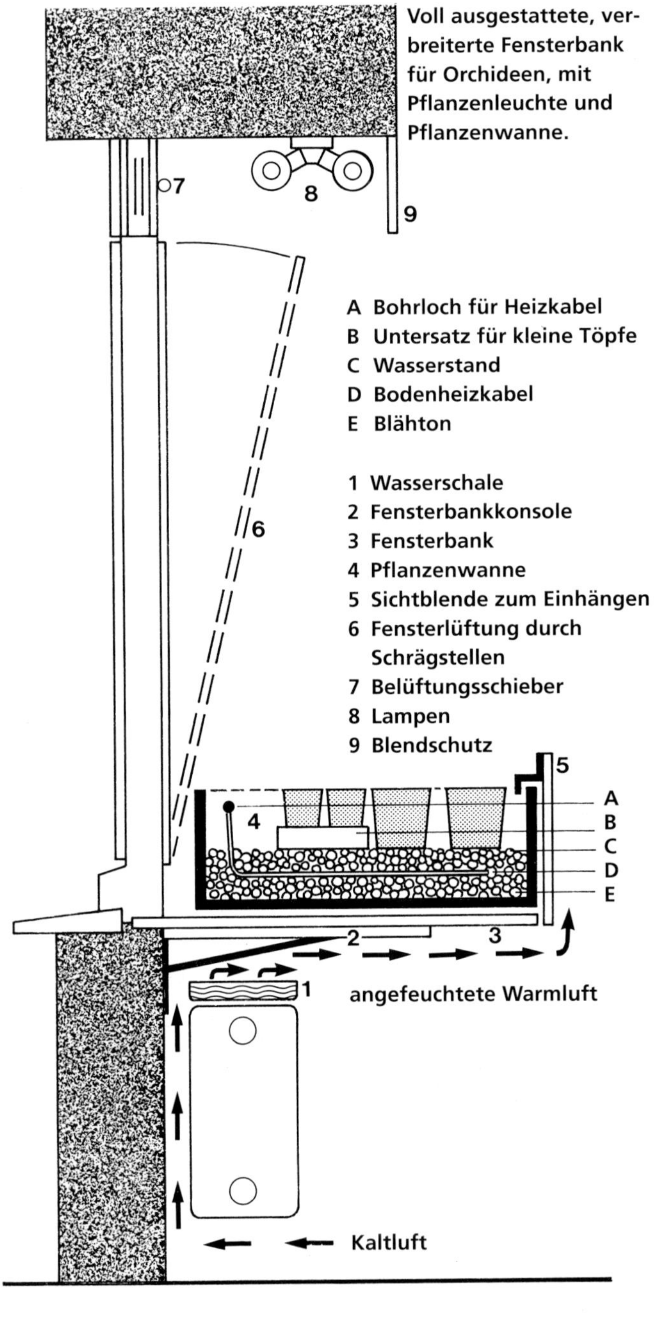

Voll ausgestattete, verbreiterte Fensterbank für Orchideen, mit Pflanzenleuchte und Pflanzenwanne.

A Bohrloch für Heizkabel
B Untersatz für kleine Töpfe
C Wasserstand
D Bodenheizkabel
E Blähton

1 Wasserschale
2 Fensterbankkonsole
3 Fensterbank
4 Pflanzenwanne
5 Sichtblende zum Einhängen
6 Fensterlüftung durch Schrägstellen
7 Belüftungsschieber
8 Lampen
9 Blendschutz

angefeuchtete Warmluft

Kaltluft

Bald ist die Fensterbank voll, wenn die Begeisterung für Orchideen nach immer weiteren Pflanzen verlangt und man daraufhin einmal angefangen hat, eine eigene Sammlung aufzubauen. Eine Verbreiterung der Fensterbank und die Ausrüstung mit einer Pflanzenschale schaffen schnell Abhilfe. Damit die Pflanzen auch im Winter ausreichend Licht bekommen, kann eine einfache Beleuchtung mit Neonröhren für Pflanzen (vom Fachmann!) installiert werden. Ein solchermaßen ausgerüstetes Blumenfenster ist nicht nur dekorativ, es bietet den Pflanzen auch die optimalen Bedingungen.

Doch auch mit geringerem Aufwand lassen sich die Kulturbedingungen positiv beeinflussen. Mit Fensterbankschalen, die Sie im Fachhandel erwerben können oder Balkonkästen läßt sich wirkungsvoll die Luftfeuchtigkeit erhöhen. Zur Vergrößerung der Verdunstungsfläche kann man Blähton oder Kies in diesen Schalen verwenden, der aber alle 2–3 Monate gereinigt werden sollte. Preisgünstige Fensterbankschalen mit Kunststoffrosten sind leichter sauber zu halten. Heizmatten sorgen für „warme Füße" und eine bessere Verdunstung.

tem Blähton am Boden gepflegt werden, mit Kunstlicht auch in dunklen Räumen. Um zusätzlichen Raum für Orchideen am Blumenfenster zu schaffen, kann man einige Pflanzen auch hängend kultivieren. Dazu eignen sich besonders Pflanzen mit hängenden Rispen. Wenn dunkle Töpfe von Sonnenlicht beschienen werden, entwickeln sich in ihrem Inneren schnell hohe Temperaturen. Ampelpflanzen sollten daher immer in helle Töpfe gesetzt werden. Einige Arten, wie *Stanhopea* oder *Gongora*, entwickeln hängende Blütenrispen. Diese Pflanzen sollten nicht im stehenden Topf kultiviert werden, weil man sonst die Blüten kaum zu sehen bekommen wird. Für sie ist die Pflege im Lattenkorb weitaus besser geeignet.

Gongora galeata **gedeiht besser im Körbchen.**

Großblumige *Cattleya-* **Hybride**

Sehr rasch wird der Platz auf der Fensterbank knapp. Es gibt aber eine Reihe von wunderschönen Miniaturorchideen, die in kleinen Töpfen gedeihen. Werden solche Töpfe mit Halterungen versehen, kann man sie leicht an Drahtgittern unterbringen, die in der Fensterleibung aufgehängt werden können.

Oder man zementiert einen Moospflanzstab, wie er als Stütze für *Philodendron* verwendet wird, in einen Topf und bringt die Pflanzen daran an. Aufgebundene Orchideen können auch in einem Terrarium mit etwas feuch-

In einem Hobbygewächshaus lassen sich viele Orchideen pflegen, die auf der Fensterbank nicht wachsen.

wärmeisoliert ist und nicht zu viele Kältebrücken hat. Nicht für jeden ist der Bau eines Gewächshauses möglich oder erschwinglich. Hier können ein Zimmergewächshaus oder eine Blumenvitrine Abhilfe schaffen. Wichtig sind dabei eine stabile Pflanzenwanne, Geräte zur Kontrolle des Klimas (Temperatur, Luftfeuchte), eine ausreichende Frischluftzufuhr und eine künstliche Beleuchtung, die nicht zu viel Wärme in den Pflanzenraum abgibt. Dann lassen sich mit geringem Aufwand auch hier viele Orchideenarten und Hybriden pflegen, die für die Fensterbank nicht oder nur bedingt geeignet sind.

In Gewächshaus und Vitrine

In jedem Orchideenliebhaber wird irgendwann der Wunsch nach einem Gewächshaus wach, in dem sich das Klima viel besser steuern läßt als auf der Fensterbank und in dem man Orchideen pflegen kann, die dem Hobbygärtner sonst versagt bleiben müssen. Bis zur Entscheidung für ein Kleingewächshaus sollte man aber bereits im Umgang mit Orchideen Sicherheit erlangt haben. Sehr kostengünstig ist es, wenn sich das Gewächshaus an die Zentralheizung des Hauses anschließen läßt. Achten Sie beim Kauf darauf, daß das Haus gut

TIP: Je größer das Gewächshaus, desto stabiler ist das Klima darin. Auf der anderen Seite gibt es Bauvorschriften für die Maximalgröße solcher Gebäude. Setzen Sie sich mit Ihrem Gartenfachhandel in Verbindung, und informieren Sie sich auch über etwaige Bauvorschriften!

Pflanzenvitrine für Orchideen

Wintergärten sind gute Kulturräume für Orchideen und ihre Begleitpflanzen.

Orchideen im Wintergarten

Wintergärten haben einen besonderen Reiz und sind zu grünen Oasen geworden, in denen neben anderen Pflanzen auch Orchideen sehr gut gedeihen können. Natürlich kann man hier auch die blühenden Pflanzen aus dem eigenen Kleingewächshaus in angenehmer Atmosphäre präsentieren, der Wintergarten ist aber auch für sich selbst ein „Gewächshaus, in dem man wohnen kann". Der technische Aufwand für solchen privaten Traumgarten ist relativ gering. Eine große Pflanzenwanne, am besten gemauert und mit Teichfolie ausgekleidet, wird mit Blähton gefüllt. Dorthinein kommen die Töpfe mit den Orchideen und ihren Begleitpflanzen. Stärkere Baumäste mit daran angebrachten Pflanzen vermitteln einen naturnahen Eindruck. Solche Äste müssen aber kippsicher verwendet werden, daß niemand zu Schaden kommt. Eine ausreichende Heizung und Fenster zum Lüften sorgen in Verbindung mit dem großen Luftvolumen für ein den Orchideen zusagendes Klima.

In dieser Umgebung wirken Pflanzen sehr gut, die für die Fensterbank zu groß werden. Vor allem Orchideen des temperierten oder des kühleren Bereichs können sich hier zu Hause fühlen. Geeignete Orchideen sind *Cymbidium*-Arten und -Hybriden, unifoliate *Cattleya*-Hybriden (s. S. 36), *Oncidium, Odontoglossum* und *Dendrobium-nobile*-Hybriden. Dazu passen Farne, Bromelien, Tillandsien, Palmen und Bananenstauden als Begleitpflanzen.

Orchideen-Porträts

Freude an der Vielfalt

Keine Pflanzengruppe ist so vielseitig wie die der Orchideen. Die wichtigsten Kleinode für daheim finden Sie hier genannt.

Mit ca. 30 000 Arten und über 100 000 Hybriden ist möglicherweise die Familie der Orchideen die größte und vielfältigste aller Pflanzenfamilien. Auf den folgenden Seiten finden Sie eine Vielzahl erhältlicher Orchideen vorgestellt. Die Auswahl beschränkt sich auf Pflanzen, die für die Zimmerkultur geeignet sind. Für manche davon muß etwas Kulturerfahrung vorausgesetzt werden, worauf aber jeweils hingewiesen wird. Die Pflegehinweise beruhen auf den Erfahrungen des Autors. Man sollte dabei nicht außer acht lassen, daß es bei der Orchideenpflege niemals „die absolute Wahrheit" geben kann. Sie haben vielleicht unter Ihren häuslichen Bedingungen und mit Ihren eigenen Erfahrungen daheim ebenfalls gute Erfolge. Wir haben es mit lebenden Wesen zu tun, und jedes für sich ist ein Individuum. Eines ist aber immer wichtig: Geben Sie den Pflanzen Zeit, sich an bestimmte Kulturbedingungen zu gewöhnen, und wechseln Sie diese nicht zu oft! Die Eingewöhnung dauert bei Orchideen vergleichsweise lange, viel länger als bei anderen Zimmerpflanzen.

Cattleya in ihrer vollen Pracht

Phalaenopsis lobbii (Phal. parishii var. lobbii)

Laeliocattleya Gold Digger

Nicht verwirren lassen!

Am Anfang mag es etwas verwirrend sein, nur lateinische Namen lesen zu müssen. Der Grund ist einfach: Orchideen beschäftigen die Menschen weltweit, und die Pflanzen kommen meist aus den tropischen Regionen. Daher verwendet man einfach die international gültigen botanischen Namen. Sie bestehen aus der Bezeichnung für die Gattung, z. B. *Cattleya*, und einem Artnamen, z. B. *guttata*. Diese Namensteile werden *kursiv* geschrieben. Hybriden erhalten bei ihrer Registrierung einen Namen, der mit Großbuchstaben anfängt, z. B. *Laeliocattleya* Gold Digger. Diese Registrierung findet durch die „Royal Horticultural Society" in London statt. Besonders wertvolle Einzelpflanzen bekommen zusätzlich noch einen Kultivarnamen, z. B. *Paphiopedilum* Deperle ‚Mondschein'. Auf diese Weise können Experten und Liebhaber sich auf internationaler Ebene über Orchideen verständigen.

**Paphiopedilum
adductum**

ANGRAECUM UND AERANGIS

Aus den beiden Gattungen *Angraecum* und *Aerangis* stammen die meisten afrikanischen Kleinorchideen, die bei uns im Handel sind. Diese Arten kommen aus Mittelafrika und von Madagaskar, oft leben sie auf den Bäumen der Wälder entlang der Flußläufe.

Es gibt für den Orchideen-

Wuchsform: monopodial, lange Luft- und Haltewurzeln.
Pflegeraum: Vitrine, geschlossenes Blumenfenster, Gewächshaus.
Substrat: Blockkultur, in Körbchen oder seitlich an Gittertöpfen.
Temperatur: gleichmäßig temperiert bis warm, geringe Nachtabsenkung um ca. 3 °C.
Gießen und Düngen: Aufgebundene Pflanzen häufiger sprühen, stets feucht halten.

Luftfeuchtigkeit: Kann tagsüber bei 50 % liegen, wenn sie nachts auf 70–80 % ansteigt.
Ruhezeit: keine.
Blütezeit: Sept./Okt.
Besonderheit: So selten wie möglich umtopfen. Die Pflanzen reagieren auf einen Wechsel des Pflanzstoffes oft mit Kränkeln, bevor sie sich dann aber wieder erholen. Das dauert bei diesen Arten aber geraume Zeit.

liebhaber eine Reihe von kleinen Vertretern mit sehr unterschiedlichen Pflegeansprüchen. Besonders zu empfehlen ist *Aerangis luteo-alba* var. *rhodosticta*, die auch unter dem Namen *Aerangis rhodosticta* verbreitet ist.

Der Name Angraecum leitet sich vom malayischen Wort „Angurek" für eine bestimmte Orchidee ab, *Aerangis* kommt aus dem Griechischen und bezieht sich auf den Sporn an der Blüte mancher Arten. Einige davon, wie *Angraecum sesquipedale*, besitzen einen langen Sporn, andere nur einen sehr kurzen. Die weiße Farbe der Blüten deutet darauf hin, daß sie von Nachtfaltern bestäubt werden. Viele verströmen nachts einen starken, süßen Duft. Fast immer ist eine Spornspitze für die Nachtfalter mit Nektar gefüllt.

Kleines Bild: *Angraecum* **Lady Lisa**
Großes Bild: *Aerangis luteo-alba* **var.** *rhodosticta*

BRASSIA

Die Arten der Gattung *Brassia* bestechen durch ihre langen Rispen mit den zahlreichen meist grünlichen, spinnenartigen Blüten. Sie sind sehr wüchsig. *Brassia* verzeiht auch mal einen Pflegefehler und ist deshalb für weniger erfahrene Pfleger gut geeignet. Da sie aber zum Teil recht groß und sperrig werden kann, wird *Brassia* heute seltener angeboten. Sie stammt aus Mittel- und Südamerika, von Panama bis Brasilien, und kommt in Höhen bis 1600 m vor.

Brassia longissima hat bizarre, spinnenartige Blüten

Wuchsform: sympodial, die Bulben sind ca. 10 cm hoch, die Blätter bis 30 cm lang, die Rispen aus der Bulbenbasis bis 40 cm lang.
Pflegeraum: Fensterbank, Gewächshaus, im Sommer auch draußen.
Substrat: In Topf mit durchlässigem Orchideensubstrat setzen.
Temperatur: temperiert-kühl, deutliche Nachtabsenkung um etwa 5 °C.
Gießen und Düngen: Während der Wachstumszeit im Frühjahr/Sommer regelmäßig gießen und düngen. Im Herbst/Winter etwas trockener halten und zugleich weniger düngen.
Luftfeuchtigkeit: 50–70 % (keine trockene Heizungsluft).

Ruhezeit: Im Herbst eine mäßige Ruhezeit, die mit dem Neuaustrieb beendet wird, dann unter Umständen auch im Winter stärker gießen und leicht düngen.
Blütezeit: meist Spätsommer/Herbst.
Besonderheiten: *Brassia* neigt zum Klettern, das heißt, der Neutrieb ist deutlich höher als die Alttriebe.
Lassen Sie diese Arten an einem länglichen Korkstück emporwachsen, das Sie am Topf befestigen. Hinterfüttern Sie den angehefteten Trieb zuvor mit etwas Pflanzstoff, den Sie mit dünnem Bindedraht oder Nylonfaden am Korkstück befestigen können. Diese Konstruktion ist bei Bedarf beliebig erweiterbar.

Obwohl *Brassia* so wüchsig und blühwillig ist, wird ihr kletternder Wuchs und die relative Farblosigkeit der Blüten von vielen als Nachteil angesehen. Deshalb ist viel mit *Brassia* gekreuzt worden. Vor allem mit *Miltonia*, *Oncidium* und *Odontoglossum* sind viele Hybriden entstanden. Die *Miltassia* z.B. ist eine Kreuzung mit *Miltonia*, die nun farbigere Blüten hervorbringt. Andere Hybriden sind *Maclellanara*, *Aliceara*, *Bakerara* und *Beallara*. Diese Pflanzen sind farbenprächtiger und kompakter im Wuchs. All diese Gattungen sind sowohl für die Fensterbankkultur als auch für den Wintergarten geeignet.

BULBOPHYLLUM UND CIRRHOPE-TALUM

In diesen beiden Gattungen findet man einige der bizarrsten Blütenformen in der Orchideenwelt. Sie sind, außer einigen schönen Hybriden, selten in Kultur, weil manche durch Aasfliegen bestäubt werden und deshalb einen furchtbaren Gestank verbreiten (beim *Bulbophyllum beccarii* sollen die Sammler davon öfter ohnmächtig geworden sein). Ihr Verbreitungsgebiet erstreckt sich von Ostafrika bis Java, Sumatra und Borneo. Sie leben fast alle in feuchtwarmen Regionen auf Bäumen in tiefem Schatten.

Wuchsform: sympodial mit z.T. großen Abständen zwischen den Bulben. Größen je nach Art zwischen wenigen mm und 1 m!

Pflegeraum: Vitrine, geschlossenes Blumenfenster, Gewächshaus, besser nicht auf der Fensterbank.

Substrat: am besten Blockkultur oder in Körbchen.

Temperatur: gleichmäßig temperiert bis warm, ohne Nachtabsenkung.

Gießen und Düngen: Das ganze Jahr über gleichmäßig feucht; während des Wachstums sparsam düngen.

Luftfeuchtigkeit: um 70 bis 80 %; tagsüber wird weniger vertragen, wenn die Luftfeuchte nachts ansteigt.

Ruhezeit: Wenn der Neutrieb ausgewachsen ist, macht die Pflanze eine Wachstumspause, in der sie aber nicht wesentlich trockener zu halten ist. Oft blüht sie in dieser Zeit.

Blütezeit: sehr variabel.

Besonderheiten: Man kann durch Anritzen des Rhizoms mit einem sterilen Messer die hinteren Bulben zu einem weiteren Austrieb anregen. So erhält man rasch große Schaupflanzen. Auch große Pflanzen sollte man besser nicht teilen. Sinnvoller ist es, Triebspitzen mit drei bis vier Bulben abzutrennen und unter einer Folie einzupflanzen (s. S. 20).
Die Pflanzen beider Gattungen sollten möglichst wenig durch Umtopfen oder einen Wechsel der Umgebung gestört werden.

Bulbophyllum lobbii aus Thailand

Bulbophyllum graveolens aus Neu-Guinea

Cattleya skinneri am Naturstandort

Wuchsform: sympodial, keu-
len- bis spindelförmige Bulben; ein- oder zweiblättrig.
Pflegeraum: Fensterbank,
Wintergarten, Gewächshaus.
Substrat: grobes Rinden-Torf-
Substrat.
Temperatur: temperiert.
Gießen und Düngen: Während des Wachstums viel gießen und regelmäßig düngen;
in der Vegetationsruhe eher
trocken halten.
Luftfeuchtigkeit: 60 – 70 %,
keine tockene Zimmerluft.
Ruhezeit: Nach dem Abschluß
des Neutriebes muß die
Pflanze trockener und etwas
kühler gehalten werden, damit sie nicht erneut durch-
treibt, sondern zur Blüte
kommt. Das Ende der Ruhe-
periode erfolgt mit Erschei-
nen des Neutriebes.

Blütezeit: Frühjahr oder
Herbst.
Besonderheiten: Die Knospen
entwickeln sich aus der Bulbenspitze in einer Blütenscheide. Wenn die Luftfeuchtigkeit nicht optimal ist, können sie die Blütenscheide
nicht durchbrechen. In diesem Fall muß man die Scheide vorsichtig öffnen, ohne
die Knospen zu verletzen.
Der richtige Zeitpunkt für das
Umtopfen ist entscheidend:
Er ist gekommen, wenn sich
an der Basis der Pseudobulben die neuen Wurzeln zeigen. Achtung! Die Wurzeln
am Neutrieb dürfen nicht länger als 1 cm sein, da sie sonst
zu leicht brechen können.
Das Rhizom muß nach erfolg-
tem Eintopfen ganz oberhalb
des Pflanzstoffes liegen.

CATTLEYA UND VERWANDTE

Im 19. Jahrhundert sandte
Europa Sammler in die Ko-
lonien, um nutzbare Pflanzen zu suchen. Diese wur-
den in Kisten per Schiff ver-
frachtet, wobei die auf ihnen wachsenden „Parasitos"
als Verpackungsmaterial
dienten. Der Engländer W.
Cattley warf das Ver-
packungsmaterial nicht fort.
Er pflegte es und brachte
1818 die erste *Cattleya* in
Europa zur Blüte. Ihm zu
Ehren benannte Dr. J. Lind-
ley diese Pflanze später
Cattleya labiata.

Cattleya-Hybriden – für viele der Inbegriff der Orchidee

Kleinwüchsige *Cattleya*-Hybriden

Cattleya

Man unterscheidet zwei Gruppen von Cattleyen: die großen und wenig-, aber großblumigen unifoliaten (einblättrigen) Arten der *C. labiata*-Gruppe und die zweiblättrigen (bifoliaten) Arten mit zahlreichen kleineren Blüten. Die kleineren Bifoliaten sind besser für die Zimmerkultur geeignet. Achten Sie beim Kauf auf die Pseudobulben. Es gibt für die Fensterbank ungeeignete Arten mit bleistiftdünnen Bulben wie z. B. *C. dormaniana*. Dickere Bulben weisen auf geringere Empfindlichkeit hin.

Besonders für die Zimmerkultur zu empfehlen sind *Cattleya bowringiana, C. skinneri* und *C. aurantiaca.* Diese Pflanzen sind auch von Einsteigern erfolgreich zu pflegen. Das gilt ebenfalls für die Naturhybride *C. x guatemalensis,* entstanden aus *C. skinneri* und *C. aurantiaca,* die neuerdings öfter als Nachzucht im Handel ist. Allgemein gilt auch bei den Cattleyen, daß die Kreuzungen leichter zu pflegen sind als die Naturformen. In sehr vielen Hybriden wurde *C. intermedia* als Elternteil verwendet. Auch diese bifoliate Art eignet sich sehr gut für die Fensterbankkultur. Die Varietät *C. intermedia* var. *aquinii* hat besondere Bedeutung bei einer Vielzahl von durchgeführten Kreuzungen gehabt, weil die Petalen an den Spitzen wie der vordere Teil der Lippe tiefrot gefärbt sind. Dieses Phänomen, das auch bei anderen Orchideen hin und wieder auftaucht, wird deshalb als „Aquinii-Effekt" bezeichnet. Man hat mehrfach versucht, durch Kreuzung von Unifoliaten und Bifoliaten kompaktere großblütige Pflanzen zu erhalten. Diese Hybriden sind noch vergleichsweise wenig im Handel verbreitet. Sie sind wegen ihrer Größe besser für größere Fenster geeignet.

Laelia und Brassavola

Laelia stammt ebenfalls aus Süd- und Mittelamerika. Die Größen variieren von mehr als 50 cm bei *Laelia purpurata* bis 3 cm bei *L. liliputiana*. So unterschiedlich wie die Größen, können auch die Pflegebedingungen sein. *L. purpurata* kommt aus Südbrasilien und verträgt Temperaturen von 40 °C mittags bis unter 10 °C nachts. Die Steinlaelien, darunter versteht man Laelien, die nicht auf Bäumen, sondern auf Steinen wachsen (s. S. 40), mögen es dauerhaft kühl. Für die Fensterbank eignen sich vor allem die temperiert zu haltenden Arten, wie z. B. *L. pumila*

und *L. gouldiana*. Ebenso wie *Laelia,* ist auch die nach einem venezianischen Botaniker benannte Gattung *Brassavola* sehr eng mit *Cattleya* verwandt. Die wegen ihrer stark ausgefransten Lippe besonders oft in der Kreuzung mit *Laelia* und *Cattleya* verwendete Art, *Brassavola digbyana*, ist inzwischen in *Rhyncholaelia digbyana* umbenannt worden. Für die Fensterbank seien dem etwas erfahreneren Pfleger *Brassavola cucullata, B. nodosa* und *B. tuberculata* empfohlen. Ansonsten ist diese Gattung für den Anfänger wegen der schwierigen Pflege nicht anzuraten.

Brassavola tuberculata

Laelia harpophylla

Wuchsform: sympodial mit keulen- bis spindelförmigen Bulben.
Pflegeraum: Fensterbank, Wintergarten, Gewächshaus.
Substrat: Rinden-Torf-Substrat oder aufgebunden.
Temperatur: temperiert halten, Steinlaelien dagegen eher kühl.
Gießen und Düngen: Während des Wachstums viel gießen und regelmäßig düngen; in der Vegetationsruhe eher trocken.
Luftfeuchtigkeit: 60–70 %.
Ruhezeit: Nach dem Abschluß des Neutriebes trockener halten, um ein Durchtreiben zu vermeiden.
Blütezeit: Frühjahr oder Herbst.

Besonderheiten: Die Knospen entwickeln sich aus der Bulbenspitze in einer Blütenscheide. Bei nicht optimaler Luftfeuchte kann es passieren, daß die Knospen die Blütenscheide nicht durchbrechen können. In diesem Fall muß man die Scheide vorsichtig öffnen.
Zu trockene Luft führt auch leicht zum Befall durch Rote Spinne.
Das Umtopfen wird nötig, wenn die Neutriebe den Topfrand erreicht haben. Dann kann man die Pflanze auch teilen. Dabei sollten die Teilstücke mindestens drei bis vier Bulben besitzen, damit sie ungestört weiterwachsen können.

Brassolaeliocattleya Owen Holmes

übertragen. Um eine intensivere Färbung zu erhalten, wurden *Laelia, Epidendrum* und *Sophronitis* eingekreuzt und ergeben *Laelio-, Epi-* und *Sophrocattleya*. Um die Pflegeansprüche einiger Kreuzungen zu verstehen, ist es wichtig, ihre Eltern zu kennen. Zu mehreren im Fachhandel anzutreffenden Hybriden finden sie in dieser Tabelle die Eltern genannt, die der Züchtung zugrundeliegen.

Beispiel:
Brassavola, gekreuzt mit *Cattleya* und *Laelia* ergibt *Brassolaeliocattleya*

Mehrgattungshybriden rund um *Cattleya*

Bei mehr als 3 Kreuzungspartnern wird für die Hybride ein neuer Eigenname mit der Endung „ara" gewählt. Die nebenstehende Tabelle bezieht sich ausschließlich auf Kreuzungen, in denen die Gattungen *Brassavola, Brougthonia, Cattleya, Epidendrum, Laelia* und *Sophronitis* verwendet wurden. Alle diese Hybriden haben den Vorzug, daß sie in der Pflege wie *Cattleya*-Arten zu handhaben sind. Sie eignen sich also hervorragend für eine gemeinsame Kultur. Man hat in vielen Kreuzungen versucht, die Vorteile der verschiedensten Gattungen auf *Cattleya*-Arten zu

KREUZUNGEN UND IHRE ELTERN

Bishopara	*Bro.* x *C.* x *Soph.*
Brassocattleya	*B.* x *C.*
Brassolaeliocattleya	*B.* x *C.* x *L.*
Cattleytonia	*Bro.* x *C.*
Epicattleya	*Epi.* x *C.*
Hasagawaara	*B.* x *Bro.* x *C.* x *L.* x *Soph.*
Hawkinsara	*Bro.* x *C.* x *L.* x *Soph.*
Jewellara	*Bro.* x *C.* x *Epi.* x *L.*
Kirchara	*C.* x *Epi.* x *L.* x *Soph.*
Laeliocattleya	*C.* x *L.*
Otaara	*B.* x *Bro.* x *C.* x *L.*
Potinara	*B.* x *C.* x *L.* x *Soph.*
Rolfeara	*B.* x *C.* x *Soph.*
Sophrocattleya	*C.* x *Soph.*
Sophrolaeliocattleya	*C.* x *L.* x *Soph.*
Stacyara	*C.* x *Epi.* x *L.*
Stellamitzuara	*B.* x *Bro.* x *C.*
Vaughnara	*B.* x *C.* x *Epi.*

x	= gekreuzt mit	*Epi.*	= *Epidendrum*
B.	= *Brassavola*	*L.*	= *Laelia*
Bro.	= *Brougthonia*	*Soph.*	= *Sophronitis*
C.	= *Cattleya*		

Mini-Cattleyen

Am Anfang der Züchtungen innerhalb der Gattung Cattleya war eines der Hauptziele, größere und farbenprächtigere Blüten zu erreichen. Dabei wurde nur wenig Rücksicht auf die Größe der Pflanzen genommen. Ein weiterer sehr wesentlicher Nachteil der entstandenen Hybriden war, daß die Blüten nur 2–3 Wochen lang hielten. Naturgemäß ließ daher die züchterische Aktivität auf diesem Sektor bald nach. Als mit dem Aufkommen der Zentralheizung die Fensterbank als Kulturraum auch für Orchideen an Bedeutung zunahm, wendete man sich auch wieder der *Cattleya*-Gruppe zu, um Hybriden zu erzeugen, die in diesem neuen Kulturraum gedeihen konnten. Die Züchter entwickelten durch stete Auswahl kleinwüchsige Hybriden mit leuchtenden Farben und lange haltbaren Blüten. Außer den geringen Größen von nur etwa 20 bis 30 cm sind Wüchsigkeit und Blühwilligkeit wichtige Merkmale dieser als „Mini-Cattleyen" bezeichneten Gruppe.

Die berühmteste aller Mini-Cattleyen ist sicher neben

***Sophrocattleya* Beaufort**

Wuchsform: wie bei *Cattleya*.
Pflegeraum: Fensterbank, Wintergarten, Gewächshaus.
Substrat: Topfkultur in Rinden-Torf-Substrat.
Temperatur: temperiert.
Gießen und Düngen: Während des Wachstums viel gießen und regelmäßig düngen; in der Vegetationsruhe eher trocken.
Luftfeuchtigkeit: 60–70 %.
Ruhezeit: Nach dem Abschluß des Neutriebes muß die Pflanze trockener und etwas kühler gehalten werden.
Blütezeit: Jeweils nach Abschluß des Neutriebes, oft mehrmals im Jahr.
Besonderheiten: Es gelten für diese Gruppe von Hybriden die Besonderheiten der Pflege von *Cattleya* (s. S. 35). Die Pflanzen sind überaus wüchsig und bilden pro Alttrieb oft zwei Neutriebe aus. Daher erhält man sehr schnell teilungsfähige Pflanzen. Jedes Teilstück muß aber mindestens 3–4 Altbulben haben, damit die Pflanze ungestört weiterwächst und keine Blühpause einlegt.

Schöner ist es allerdings, wenn sie zu großen Schaupflanzen herangezogen werden, da sie dann besonders prächtig wirken. Dazu sollte man die Pflanze so wenig wie möglich durch Umtopfen stören. Zudem sollte der Standort möglichst gleich bleiben. Es ist dabei allerdings etwas schwierig, die Lichtverhältnisse so zu steuern, daß die Pflanze trotzdem rundherum gleichmäßig wächst.

der *Sophrolaeliocattleya* (kurz: SLC.) Jewel Box die daraus mit *SLC.* California Apricot gekreuzte *SLC.* Hazel Boyd, die relativ häufig im Handel ist. Insgesamt war *SLC.* Jewel Box bis 1992 45 mal Elternteil solcher Hybriden, was einen Hinweis auf die Beliebtheit dieser Hybridengruppe gibt. In Amerika bekamen die Pflanzen auf Ausstellungen und Bewertungen hohe Auszeichnungen und Preise. Erst im Laufe der letzten Zeit gelangen mehr Mini-Cattleyen auch nach Europa, wo sie inzwischen verbreitet Liebhaber gefunden haben. Es lohnt der Versuch, Teilstücke prämierter Pflanzen zu bekommen!

Zwerg-Cattleyen

Während bei den Mini-Cattleyen versucht wurde, durch beständige Auswahl immer kleinere Pflanzen zu erhalten, wurde bei einer der neuesten Zuchtrichtungen in der Cattleya-Gruppe, den „Zwerg-Cattleyen", durch gezielte Züchtung mit kleinwüchsigen Wildarten versucht, besonders kleinwüchsige Pflanzen zu erhalten. Die Zwerg-Cattleyen haben im Vergleich mit den Mini-Cattleyen zwar meist weniger, aber größere Blüten. So wurden bifoliate und Mini-Cattleyen mit den kleinwüchsigen *Laelia*-Arten um *L. pumila* sowie mit den von Natur aus sehr kleinen brasilianischen Steinlaelien gekreuzt. Es entstanden Hybriden wie *Laeliocattleya* Evelyn Röllke (*C. forbesii* x *L. pumila*), die bei einer Pflanzengröße von nur ca. 15 cm jeweils eine bis zwei Blüten von bis zu 10 cm Durchmesser tragen. Um neben der erwünschten Kleinwüchsigkeit auch Mehrblütigkeit und intensive Blütenfarben zu erhalten, wurden die brasilianischen Steinlaelien als Kreuzungspartner gewählt. Dazu gehören z. B. *Laelia briegeri*, *L. esalqueana* und *L. itambana*. Diese meist auf Steinen wachsend vorkommenden Pflanzen (daher der Name „Steinlaelien") sind als Zim-

merpflanzen etwas heikel (s. S. 37).
Diese negative Eigenschaft vererben sie aber nicht. Die Kreuzungen mit *Cattleya* sind wüchsig, robust und mehrblütig. Die Steinlaelien bringen ihre leuchtenden Blütenfarben und ihre Zwergwüchsigkeit in die Hybri-

den ein. Man kann also auf diese Weise auf begrenztem Raum mehrere Pflanzen mit einer breiten Farbpalette von gelb über orange bis rot, von weiß über rosa bis violett pflegen. Sie sind wie die anderen *Cattleya*- bzw. *Laelia*-Arten und -Hybriden zu behandeln.

***Laelia sincorana* x *Cattleya forbesii* = *Laeliocattleya* Varese**

COELOGYNE UND VERWANDTE

Etwa 100 Arten umfaßt die große Gattung *Coelogyne*. Sie stammt aus Südostasien, ihr Verbreitungsgebiet reicht von Indien im Westen bis zu den pazifischen Inseln im Osten. Die Klimaregionen reichen von kühl im Himalaya über temperiert bis hin zu dauerhaft warm. Man kann die Pflanzen nach der Entwicklung der Blütenstände einteilen. Es gibt Arten, deren Blütenstand seitlich aus der Bulbe erscheint (heteranth), wie bei der kühl zu haltenden *Coelogyne cristata* und der temperiert wachsenden *Coel. massangeana*. Bei anderen entwickelt sich aus dem Blütenstand später die Pseudobulbe (proteranth), wie bei *Coel. ochracea*. Dann gibt es Arten, deren Blütenstand sich gleichzeitig mit der neuen Bulbe entwickelt (synanth), z. B. *Coel. mooreana*. „Hysteranth" nennt man Arten, bei denen sich der Blütenstand aus der fertigen Bulbe entwickelt, wie bei *Coel. speciosa*. Es gibt nur wenige Hybriden in der Gattung *Coelogyne*. Eine der schönsten, auch auf der Fensterbank

Coelogyne lawrenceana

Wuchsform: sympodial mit meist eiförmigen, zweiblättrigen Bulben.
Pflegeraum: Fensterbank, Wintergarten.
Substrat: Topfkultur, viele Arten wegen des kletternden Wuchses besser aufgebunden.
Temperatur: je nach Art kühl, temperiert oder warm.
Gießen und Düngen: Im Wachstum reichlich wässern und düngen.
Luftfeuchtigkeit: 60 %.
Ruhezeit: Alle Arten legen nach dem Ausbilden des Neutriebs bzw. nach der Blüte eine Ruheperiode ein. *Coel. cristata* nach dem Abschluß des Wachstums absolut trocken und kühl halten.
Blütezeit: meist Frühjahr und Herbst.

Besonderheiten: Die temperiert und kühl zu haltenden Arten können im Sommer im Schatten eines Baumes hängen. Wenn die Pseudobulben der Pflanzen nach der Ruhezeit stark geschrumpft sind, kann man sie über Nacht in einem Eimer Wasser untergetaucht lassen. Die Pflanzen nehmen dann über Wurzeln, Bulben und Blätter bis dahin verlorengegangenes Wasser auf. Danach muß das Blattwerk aber rasch abtrocknen, damit keine Fäulnis auftreten kann.
Einige Arten neigen, wie die Gattung Brassia (s. S. 33), zum „Klettern". Hier wie dort kann mit am Topf befestigten Rindenstücken eine Kultur halb im Topf, halb am Block praktiziert werden.

leicht zu pflegenden Hybriden ist *Coel.* Memoria W. Micholitz (*Coel. lawrenceana* x *Coel. mooreana*). Eng verwandt mit *Coelogyne* sind die Gattungen *Dendrochilum*, *Pholidota* und *Pleione*. Letztere wirft im Herbst alle Blätter ab und muß trocken bei 5 °C überwintert werden. Die beiden anderen Gattungen mit ihren langen, vielblütigen, überhängenden Blütenähren sind wie temperierte *Coelogyne* zu pflegen.
Diese Pflanzen ergeben attraktive Ampelpflanzen, besonders, wenn sie zu großen Schaupflanzen herangezogen werden. Sie blühen aus den Neutrieben, rundherum um die Pflanze.

CYMBIDIUM

Orchideen aus der Gattung *Cymbidium* wurden von den Chinesen schon vor 3 000 Jahren gepflegt und fanden als Symbol der Reinheit Eingang in die chinesische Kunst. Bei uns sind es vor allem die großblumigen Hybriden, die als Schnittblumen durch ihre Eleganz und ihre lange Haltbarkeit beeindrucken. Die von Indien über Südchina bis Borneo vorkommenden Naturformen sind in der Pflege leider relativ anspruchsvoll im Vergleich zu ihren Hybriden, die vor allem für Wintergärten geeignet sind. Die Blühwilligkeit und Wüchsigkeit macht diese Pflanzen auch für den Liebhaber mit wenig Erfahrung interessant.

Cymbidium-Hybriden gibt es in vielen schönen Farben.

Wuchsform: sympodial, Bulben etwa 5–10 cm hoch, Blätter etwa 40–100 cm lang.
Pflegeraum: Wintergarten, Gewächshaus, evtl. große Fensterbank.
Substrat: nur Topfkultur.
Temperatur: kühl.
Gießen und Düngen: Während der Wachstumszeit stark gießen und düngen, verlangt nach vergleichsweise hohen Düngermengen. Sonst etwas trockener halten.
Luftfeuchtigkeit: 50–60 %.
Ruhezeit: Sie erfolgt nach dem Triebabschluß und während der Blüte.

Blütezeit: Herbst / Winter / Frühjahr.
Besonderheiten: *Cymbidium*-Hybriden sind besonders lichthungrige Orchideen, vertragen aber keine pralle Mittagssonne.
Sie blühen sehr zuverlässig, wenn sie im Sommer bis weit in den Herbst hinein im Freiland hängen dürfen und dabei mittags von einem Baum beschattet werden. Das ist für die Anlage der Blüten von Bedeutung, weil die nämlich abhängig ist von dem Temperaturunterschied zwischen Tag und Nacht.

Im Handel findet man auch aus der Schnittblumenproduktion ausgemusterte Exemplare, die nicht mehr den gewünschten Ertrag brachten. Sie können aber, je nach Größe und Zustand, trotzdem bis zu einem Dutzend Rispen ausbilden. Stellen Sie sich aber auf recht große Pflanzen ein. Blatt- und Rispenlängen bis zu 1,50 m sind keine Seltenheit. Das früher so gefürchtete *Cymbidium*-Mosaikvirus tritt heutzutage nur noch selten auf.

Wuchsform: sympodial mit spindelförmigen, zweizeilig beblätterten Bulben. Blütenstände aus den oberen Bulbenabschnitten.

Pflegeraum: Fensterbank, warmes Gewächshaus, Vitrine.

Temperatur: warm-temperiert.

Gießen und Düngen: Gleichmäßig feucht halten, nur im Wachstum und dann schwach düngen.

Luftfeuchtigkeit: 60–70 %.

Ruhezeit: Während und kurz nach der Blüte etwas weniger gießen, aber nicht trocken werden lassen.

Blütezeit: mehrmals im Jahr nach dem Triebabschluß; Blühdauer bis zu vier Monaten.

Besonderheiten: *Dendrobium phalaenopsis* und seine Hybriden brauchen sehr viel Licht. In seiner Heimat ist *Dendrobi-um phalaenopsis* manchmal der vollen Sonne ausgesetzt. Bei uns sind diese Pflanzen aber vor allem im Frühjahr nach dem dunklen Winter vom Licht oft entwöhnt und bekommen beim Ansteigen der Lichtintensität schnell rote Blätter. Überhaupt reagieren sie auf Wechsel der Umweltbedingungen häufig mit dem Abwerfen der Blätter. Das heißt nicht, daß die Pflanze eingeht! Der heranwachsende Neutrieb ist wieder voll beblättert.

Wichtig ist auch die häufige Kontrolle auf Thripse und Rote Spinne. Sie stellen sich besonders bei zu trockener Luft ein. Deswegen ist die Optimierung der Kulturbedingungen zur Stärkung der Pflanzen die Voraussetzung, um möglichst wenige Bekämpfungsmittel einsetzen zu müssen.

dazu die Antilopen-Dendrobien,
► die aus den Monsungebieten kommende *Dendrobium nobile*-Gruppe.

Dendrobium phalaenopsis

Farbenprächtig ist besonders z. B. *Den. phalaenopsis* mit einem Farbenspiel von kräftigem Purpur über zartes Rosa bis hin zu reinem Weiß.

Den. antennatum zählt zu den „Antilopen-Dendrobien", bei denen die schmalen Petalen aufrecht stehen und gedreht sind wie Antilopenhörner. Mit seiner gewellten Lippe hat *Den. spectabilis* eine der bizarrsten Blüten im Orchideenreich. Diese Arten sind recht anspruchsvoll. Für die Fensterbank gibt es leichter zu pflegende, kleiner bleibende Hybriden.

DENDROBIUM UND VERWANDTE

Dendrobium gehört mit 1200 bis 1400 Spezies zu den artenreichsten Gattungen unter den Orchideen. Natürlich sind die Pflegeansprüche bei dieser Vielfalt nicht alle gleich.
Es gibt hauptsächlich zwei große Pflegegruppen:
► die aus den feucht-warmen Regionen stammenden Arten wie die *Den. phalaenopsis*-Gruppe aus Südostasien und Nordaustralien,

Dendrobium Garnet Beauty

Dendrobium-nobile-Gruppe

Aus dem südlichen Himalaya-Gebiet, von Indien bis Thailand, kommt eine Reihe von Dendrobien, die zur „Nobile-Gruppe" gezählt werden. *Dendrobium nobile*, Namensgeber dieser Gruppe, ist eine typische Monsungebietspflanze. Das Monsunklima hat drei Jahreszeiten: eine feucht-heiße

Wuchsform: sympodial, lange, z.T. überhängende Bulben, alte Triebe oft blattlos.
Pflegeraum: kühle Fenster, Wintergärten, Gewächshaus.
Temperatur: im Sommer warm-temperiert, im Winter kühl.
Gießen und Düngen: im Wachstum sehr feucht und wöchentlich düngen, in der Ruhe relativ trocken und keine Düngung.

Luftfeuchtigkeit: ca. 60 %.
Ruhezeit: nach dem Triebabschluß weniger Wasser geben, hell stellen und möglichst kühl halten.
Blütezeit: Nov. bis März, bei langer Ruhezeit auch bis Juni.
Besonderheiten: Im Sommer hängen diese Pflanzen gern im Schatten eines Baumes. Sie sollten draußen bleiben, bis die Nachttemperatur unter 5 °C. sinkt.

Hybriden mit *Dendrobium nobile* als Eltern

Regenzeit, einen kühlen, regenarmen, aber nicht vollkommen trockenen Winter und eine heiße Trockenzeit mit kalten Nächten. Die Regenzeit ist die Hauptwachstumsperiode.
Lange Zeit waren die Monsun-Dendrobien die einzigen Vertreter dieser Gattung in den Gewächshäusern. Die Anmut und die Eleganz ihrer Blüten ließen über ihren sperrigen Wuchs und die kahlen, blattlosen Altbulben hinwegsehen, welche im blütenlosen Zustand weniger hübsch sind. Später wurden sie von Orchideengattungen wie *Cattleya* und *Laelia* verdrängt. Erst die neueren Hybriden aus Japan, nach einem der wichtigsten Züchter „Yamamoto-Hybriden" genannt, rückten sie wieder in den Mittelpunkt des Interesses. Diese Kreuzungen sind auch für die Fensterbank und den Wintergarten geeignet.

Noch mehr Dendrobien

Unter den vielen hundert *Dendrobium*-Arten sind naturgemäß einige, die zu keiner der beiden genannten Pflegegruppe gehören. Viele davon sind aufgrund ihrer Pflegeansprüche dem sehr erfahrenen Gärtner vorbehalten, wie z. B. *Den. cuthbertsonii* aus Neu-Guinea. Für den Liebhaber mit weniger Erfahrung dennoch gut geeignet sind die Arten aus den botanischen Sektionen *Callista* und *Formosae*. Dazu zählen unter anderem die Arten *Dendrobium densiflorum, Den. thyrsiflorum, Den. aggregatum* und das etwas heikle *Den. senile*. Zur *Formosae*-Gruppe gehören Pflanzen mit einem schwarzen „Pelz" an den Jungtrieben und den Blütenständen. *Dendrobium formosae* gab dieser Gruppe ihren Namen, in der man auch so wunderschöne Zwerge wie *Den. bellatulum* findet.

Dendrobium densiflorum aus der Sektion *Callista*

Wuchsform: sympodial mit aufrechten, spindelförmigen Bulben.
Pflegeraum: Fensterbank, Wintergarten, Gewächshaus.
Substrat: Topfkultur mit sehr lockerem Substrat.
Temperatur: im Sommer warm, im Winter temperiert.
Gießen und Düngen: In der kurzen Wachstumszeit feucht halten und düngen, sonst mehr sprühen als gießen.

Ruhezeit: Im Winter trocken und hell halten.
Blütezeit: Januar bis Mai.
Besonderheiten: Die jungen Triebe vertragen kein Spritzwasser. Daher ist es ratsam, während des Neuaustriebes die Pflanzen nur zu gießen, auf das Einsprühen aber zu verzichten. Es besteht die Gefahr, daß die eingesprühten Jungtriebe ansonsten zu faulen beginnen.

TIP: Während der Trockenperiode ist es tagsüber sehr heiß und nachts sehr kalt. Die Bäume verlieren ihre Blätter, und die Orchideen stehen im Sonnenlicht. Nachts kommt es häufig zu Taubildung. Auch bei uns brauchen die Pflanzen in der Ruhezeit viel Licht, sie müssen morgens leicht besprüht werden.

ENCYCLIA UND EPIDENDRUM

Als Carl von Linné die ersten epiphytischen Orchideen beschrieb, nannte er diese Gattung *Epidendrum* (= auf dem Baum).
Im Laufe der Zeit wurden viele Gattungen aus dieser Sammelgattung herausgenommen. Eine der letzten dieser Ausgliederungen betraf die Gattung *Encyclia*.
Die Heimat der *Epidendrum*- und *Encyclia*-Arten ist Mittel- und Südamerika. Sie leben dort in verschiedenen Vegetationszonen, für die Fensterbank geeignete Arten kommen aus dem temperierten Bereich.
Zu empfehlen sind *Encyclia cochlearis*, *Enc. fragrans* und *Epidendrum radicans* und

Epicattleya Starfire x *Sophronitis coccinea*

seine Hybriden. Die nächsten Verwandten von *Epidendrum* und *Encyclia* sind *Cattleya*, *Laelia* und *Sophronitis*, mit denen durch Züchtung eine Reihe von schönen Hybriden geschaffen wurde. *Epidendrum* (oder *Encyclia*) mit *Cattleya* gekreuzt ergibt *Epicattleya*.

Wuchsform: sympodial mit langgestreckten, zweizeilig beblätterten Bulben (= *Epidendrum*) oder flaschenförmigen, ein- bis zweiblättrigen Bulben (= *Encyclia*).
Pflegeraum: Fensterbank, Gewächshaus.
Substrat: Topfkultur mit gut durchlässigem Orchideensubstrat.
Temperatur: temperiert.
Gießen und Düngen: Während der Wachstumszeit mäßig gießen und düngen; im Winter trockener halten.
Luftfeuchtigkeit: 50–70 %.
Ruhezeit: Wie bei der eng verwandten Cattleya eine

Ruheperiode in der lichtarmen Zeit im Winter einhalten.
Blütezeit: Frühjahr und Herbst, bei einigen Arten (z. B. *Encyclia cochlearis*) fast das ganze Jahr über.
Besonderheiten: Eine Übersommerung im Freien bekommt diesen Pflanzen sehr gut.
Epidendrum radicans und seine Hybriden brauchen sehr viel Licht, damit die Blütenbildung bei ihnen angeregt wird.
Dagegen ziehen die meisten Arten von *Encyclia* einen nicht zu sonnigen, eher halbschattigen Standort vor.

Encyclia fragrans

Wuchsform: sympodial, ovale, seitlich abgeflachte Bulben mit 2 bis 4 lanzettförmigen Blättern an der Spitze.

Pflegeraum: große Fensterbänke, Wintergarten, Gewächshaus.

Substrat: Topfkultur im Orchideensubstrat.

Temperatur: im Sommer warm bis temperiert, im Winter kühler.

Gießen und Düngen: In der Wachstumsperiode feucht halten und regelmäßig düngen, während der Ruhezeit trockener.

Luftfeuchtigkeit: 60 %.

Ruhezeit: In der lichtärmeren Winterzeit wird eine trockenere, kühlere Ruhezeit verlangt. Manche Arten werfen zu Beginn ihre Blätter ab.

Blütezeit: Meist am Ende der Ruheperiode im Frühjahr.

Besonderheiten: Die jungen Triebe von *Lycaste* und ihren Verwandten sind sehr empfindlich gegen Spritzwasser. Auch auf den Blättern sollte Wasser nicht lange stehen bleiben, weil es schnell zu Pilzinfektionen kommt. Eine gute Belüftung ist daher besonders wichtig. Blätter gegebenenfalls trockenreiben. Eine Übersommerung im Freien wird gut vertragen.

LYCASTE UND VERWANDTE

Die Gattung *Lycaste* umfaßt 30 bis 40 Arten und ist hauptsächlich im Gebiet von Mexiko bis Peru beheimatet. Die Pflanzen wachsen epiphytisch oder lithophytisch (s. S. 63). Viele Arten verlieren in der Ruhezeit ihre Blätter und blühen am Ende der Trockenperiode aus der Bulbenbasis. Jede Bulbe kann mehrere Blütenstiele hervorbringen.

Der Name der Gattung leitet sich von der schönen Tochter des Priamos ab. Wegen des besonderen Reizes der Blüten wurde eine Reihe von Hybriden geschaffen, die meisten aber innerhalb der Gattung. Vor allem in den 70er und 80er Jahren wurden viele neue Kreuzungen registriert. Es wurde mit *Anguloa* (= *Angulocaste*), *Maxillaria* (= *Maxillacaste*), *Bifrenaria* (= *Lycastaria*) und einigen exotischeren Gattungen gekreuzt. In den Verwandtschaftskreis der *Lycaste* gehören mehrere mittel- und südamerikanische Gattungen. Es sind viele Hybriden mit der sehr groß werdenden Tulpenorchidee *Anguloa* geschaffen worden, die *Angulocaste* genannt werden. Etwas kleiner bleiben die Gattungen *Bifrenaria* und *Stenocoryne*.

Die eng verwandte Gattung *Maxillaria* hat einige zwergwüchsige Arten, die auf der Fensterbank gedeihen. Lassen Sie sich von Ihrem Orchideenhändler beraten. Er kann Ihnen Arten nennen, die für Ihre häuslichen Bedingungen und Standorte geeignet sind.

Lycaste aromatica

Masdevallia veitchii

Wuchsform: sympodial und bulbenlos, lanzettliche Blätter auf dünnen Blattstielen; Blütenstände aus der Basis der Blattstiele.

Pflegeraum: geschlossenes Blumenfenster, Vitrine, Kellerkultur, Gewächshaus.

Substrat: Topfkultur in feinem, durchlässigem Rinden-Torf-Substrat.

Temperatur: kühl, einige Arten kühl bis temperiert.

Gießen und Düngen: das ganze Jahr über gleichmäßig feucht halten und sehr sparsam düngen.

Luftfeuchtigkeit: Je nach Herkunftsgebiet gleichmäßig zwischen 70 und 90 % halten.

Ruhezeit: keine einzuhaltende Ruheperiode.

Blütezeit: meist Herbst bis Frühjahr, einige Arten auch mehrmals im Jahr.

Besonderheiten: Die meisten *Masdevallia*-Arten wachsen am Naturstandort im Schatten. Aufgrund ihres geringen Lichtbedürfnisses sind daher die Arten der Gattungen *Masdevallia, Dryadella* und auch die meisten Arten der Gattung *Pleurothallis* besonders für die Kultur unter Kunstlicht geeignet. Wegen der gleichmäßigen Kühle und der hohen relativen Luftfeuchtigkeit sind Kellerräume für diese Pflanzengruppe besonders günstig.

Diese Gattungen sind wegen ihrer relativ geringen Größe gut geeignet, in Vitrinen oder in ausgedienten Aquarien bzw. Terrarien gehalten zu werden. Darin kann ihnen die gewünschte hohe Luftfeuchtigkeit gleichbleibend gewährleistet werden.

MASDEVALLIA UND VERWANDTE

Masdevallia und ihre Verwandten unterscheiden sich im Bau ihrer Blüten von den meisten anderen Orchideengattungen. Die äußeren Blütenblätter sind sehr viel größer als die fast verschwindend kleinen inneren. Die seitlichen Sepalen sind weitestgehend miteinander verwachsen. Die Spitzen der Sepalen sind oft zu langen Fäden ausgezogen. Das gibt vor allem den großblumigen Arten ein sehr elegantes Aussehen. Fast alle Pflanzen sind in den Bergregionen von Costa Rica über Mexiko, Ecuador, Kolumbien, Brasilien und Peru zu Hause. Die meisten Arten müssen unter kühlen Bedingungen gehalten werden, aber es gibt auch eine Reihe von temperiert im Wohnraum zu pflegenden Pflanzen. Leider sind es gerade die besonders farbintensiven Arten wie *Masdevallia veitchii* und *Masd. coccinea*, die unter kalten Temperaturbedingungen gedeihen, da sie aus dem Hochland der peruanischen Andenregionen kommen. Demgegenüber ist Masd. infracta eine Art, die warme Temperaturbedingungen benötigt.

Die eng verwandten Arten der Gattung *Dryadella* gedeihen dagegen unter temperierten Bedingungen. Hierunter sind einige echte Zwerge, die nur knapp 2 cm groß werden. Die „kleinen Drachen" aus der Gattung *Dracula* sind zwar sehr hübsch, können aber langfristig nur in einer klimatisierten Vitrine oder einem Gewächshaus gepflegt werden. Sie benötigen Temperaturen unter 15 °C und eine Luftfeuchtigkeit von 100 %.

Wuchsform: sympodial mit seitlich abgeflachten Bulben, ein bis zwei Blätter aus der Bulbenspitze, mehrere Hüllblätter.

Pflegeraum: für *Miltoniopsis* kühles Ost- oder Nordfenster, die übrigen wärmeres Ost- oder Südostfenster.

Substrat: Topfkultur in lockerem Orchideensubstrat, das gut Feuchtigkeit hält.

Temperatur: Stiefmütterchenorchideen kühl, die übrigen temperiert.

Gießen und Düngen: In der Wachstumsphase feucht halten und leicht düngen, sonst etwas trockener, dabei aber nie ganz durchtrocknen lassen.

Luftfeuchtigkeit: nicht unter 60 %.

Ruhezeit: Im Winter etwas trockener halten.

Blütezeit: mehrmals im Jahr, meist Frühjahr und Herbst.

Besonderheiten: Eine Übersommerung im Freien in einem schattigen Baum wirkt sich sehr günstig aus. In der Wohnung kommt es bei niedriger Luftfeuchtigkeit häufig zu einem ziehharmonikaartigen Wuchs der Blätter. In einem solchen Fall sollten Pflanzen in der Nähe gruppiert werden, die viel Wasser verdunsten, das können z. B. Farne oder auch Zyperngras sein.
Diese Orchideen werden zudem bei zu niedriger Luftfeuchtigkeit leicht von Blattläusen und Weißer Fliege heimgesucht. Leimtafeln stellen hier eine schonende Möglichkeit der Bekämpfung dar. Erkundigen Sie sich danach im Fachhandel.

mige Hybriden gezüchtet, die sich an das temperierte Klima unserer Wohnzimmer anpassen können.
Die Arten der Gattung *Miltonia* wachsen dagegen überwiegend temperiert. Besonders zu empfehlen sind hier *Milt. spectabilis, Milt. clowesii* und Hybriden, wie z. B. *Milt. Golden Moir*.
Es gibt im Fachhandel mittlerweile eine Reihe von *Miltonia*-Arten und Hybriden, die für die Fensterbank geeignet sind.
Miltonia wurde oft mit *Odontoglossum, Oncidium* und *Brassia* gekreuzt. Daraus entstanden *Odontonia, Miltonidium* und *Miltassia*, die allesamt farbenfrohe und relativ pflegeleichte Hybriden sind.

MILTONIA UND MILTONIOPSIS

Die süd- und mittelamerikanische Gattung *Miltonia* ist heute in mehrere Gattungen aufgespalten, die aber immer noch unter diesem Namen im Handel sind. Dazu gehören z. B. die in Blumengeschäften oft zu findenden *Miltoniopsis*-Hybriden, die „Stiefmütterchenorchideen". Die heutige Gattung *Miltoniopsis* wurde kürzlich aus der Gattung *Miltonia* ausgegliedert. Ihre Heimat ist das Hochland von Kolumbien. Aus ihnen wurden großblu-

„Stiefmütterchenorchideen" – Hybriden in großer Vielfalt

ODONTOGLOSSUM

Die aus Mittel- und Südamerika stammenden Arten der Gattung *Odontoglossum* zeichnen sich durch farbenfrohe und oft große Blüten an langen Rispen aus. Allerdings sind diese Pflanzen in der Pflege oft etwas heikel, ganz besonders die Naturformen. Es sind aber viele Hybriden mit anderen Gattungen geschaffen worden, die leichter zu pflegen sind. So ist z. B. die *Vuylstekeara* Cambria in vielen Blumenläden zu finden.
Vor einiger Zeit wurden die Gattungen *Rossioglossum*

***Odontoglossum crispum* – kühle Schönheit in weiß und rosa**

Wuchsform: sympodial, eiförmige Pseudobulben mit ein bis zwei Blättern an der Spitze und mit mehreren Hüllblättern.
Pflegeraum: Hybriden an kühlem Ost- oder Nordfenster, Wildarten im Gewächshaus.
Substrat: Topfkultur in lockerem Orchideensubstrat, das gut Feuchtigkeit hält.
Temperatur: Naturformen kühl, Mehrgattungshybriden temperiert.
Gießen und Düngen: Während der Wachstumsphase feucht halten und leicht düngen, sonst etwas trockener halten, aber nie durchtrocknen lassen.
Luftfeuchtigkeit: 60–70 %.
Ruhezeit: Im Winter etwas weniger feucht halten.

Blütezeit: Die Hybriden blühen oft mehrmals im Jahr, meist im Frühjahr und im Herbst.
Besonderheiten: Übersommerung im Freien in einem schattigen Baum wirkt sich sehr günstig aus. In der Wohnung kommt es wegen zu geringer Luftfeuchte häufig zu einem ziehharmonikaartigen Wuchs der Blätter. Dann Pflanzen in der Nähe gruppieren, die viel Wasser verdunsten, z. B. Farne oder Zyperngras.
Auch bei dieser Gattung kommt es bei zu niedriger Luftfeuchte leicht zum Befall durch Blattläuse.
Beim Umtopfen gilt es, besonders vorsichtig zu Werke zu gehen, da diese Pflanzen sehr dünne Wurzeln besitzen.

und *Lemboglossum* ausgegliedert. *Lemboglossum bictoniense* mit seiner aufrechten, vielblütigen Rispe, das häufig als „alba"-Form im Handel ist, und *Rossioglossum grande*, die bekannte großblumige „Tigerorchidee", sind für kühle Fensterbänke geeignet. Sie galten früher als typische Anfängerorchideen, machen aber in unseren zentralgeheizten und dadurch zu warmen Wohnzimmern Schwierigkeiten in der Kultur. Wenn man sie aber wie die Stiefmütterchenorchideen pflegt (s. S. 49), sind es wüchsige Pflanzen und dankbare Blüher, die uns regelmäßig mit ihren prächtigen Blütenrispen erfreuen.

Wuchsform: sympodial, oft mit seitlich abgeflachten Pseudobulben. Blütenstände aus der Bulbenbasis, oft verzweigt und überhängend.

Pflegeraum: helle Fensterbank.

Substrat: Topfkultur in durchlässigem Rindensubstrat; wegen des kletternden Wuchses einige Arten aufbinden.

Temperatur: kühl bis temperiert; Nachtabsenkung um ca. 5 °C einhalten.

Gießen und Düngen: Während der Wachstumszeit brauchen die Pflanzen viel Wasser und können dann auch (für Orchideenverhältnisse) kräftig gedüngt werden.

Luftfeuchtigkeit: um 60 %.

Ruhezeit: für alle Oncidien, sobald die Bulben kräftig ausgebildet sind, eine trockene, kühle Ruhezeit.

Blütezeit: meist Frühjahr oder Herbst.

Besonderheiten: Die Pflanzen „klettern" oft aus dem Topf. In diesem Fall kann man ein Stück Kork am Topf montieren und die Pflanze daran hochwachsen lassen, dabei wird zwischen Kork und Pflanze etwas Pflanzstoff eingefügt. Diese Mischung aus Topfkultur und Blockkultur ist ein sinnvoller Kompromiß für eine naturnahe Kultur auf der Fensterbank. Im Sommer ist Freilandkultur möglich.

Man hat oft versucht, die Eigenschaft der Vielblütigkeit von *Oncidium* mit der Blütengröße anderer Gattungen zu kombinieren. So entstand eine Reihe von beliebten Mehrgattungshybriden. Die Kreuzung von *Oncidium* mit *Odontoglossum* ergibt *Odontocidium*, am bekanntesten ist sicher die Hybride *Odtcm.* Susan Kaufman. Als *Wilsonara* bezeichnet man Kreuzungen mit *Odontoglossum* und *Cochlioda*.

Die genannten Hybriden haben alle eine intensiver ausgeprägte Färbung. Sie sind sehr dankbare und farbenfrohe Zimmerpflanzen.

ONCIDIUM UND VERWANDTE

Kaum eine Orchideengattung ist so vielfältig wie *Oncidium*. Da gibt es Blütenrispen, die aussehen wie Bienenschwärme (*Onc. sphacelatum, Onc. harrisoniae*), leuchtend gelbe Farbtupfer (*Onc. varicosum*), stark duftende rosafarbene Wolken (*Onc. ornithorhynchum*) und bizarre Schmetterlinge (*Onc. papilio*, heute *Psychopsis papilio*).

Von den über 600 Arten sind nicht alle für die Fensterbank geeignet. Die oben aufgeführten Arten lassen sich aber in der Wohnung ohne Probleme auf dem Fensterbrett pflegen.

Odontocidium Susan Kaufman

Tolumnia (früher *Oncidium*) Golden Sunset

Außerdem ist es möglich, auf engem Raum eine große Sammlung dieser hübschen Zwerge aufzubauen. Die Farbpalette der Kreuzungen reicht von leuchtendem Gelb über Orange zu tiefem Rot, von Rosa bis Violett. Die kontrastreiche Zeichnung macht diese Pflanzen zu kleinen Edelsteinen. Wie so oft sind die Hybriden sehr viel einfacher in der Pflege als die Naturformen. Man sollte daher zunächst deren Kultur probieren, bevor man sich an die Wildarten heranwagt. Sehr empfehlenswert sind z. B. Golden Sunset sowie die daraus erzielten Hybriden, wie Taffy oder Magic, die wüchsig sind und leicht zum Blüte kommen.

Variegaten-Oncidien: die Gattung *Tolumnia*

Eine Gruppe von *Oncidium*-Arten unterscheidet sich in der Form der Blätter und Blüten von den anderen. Es handelt sich dabei um die Variegaten-Oncidien, die ihren Namen vom *Onc. variegatum* haben. Eigentlich wurden sie schon 1836 aus der Gattung *Oncidium* herausgenommen, sind aber als *Oncidium* im Handel, obwohl der korrekte Name *Tolumnia* lautet. Sie kommen aus der Karibik und bestechen durch die Farbigkeit ihrer Blüten.

Wuchsform: sympodial, ohne Pseudobulben; die fleischigen Blätter sind fächerartig angeordnet.
Pflegeraum: ein helles Südoder Ostfenster.
Substrat: Bei den Hybriden ist Topfkultur in einem sehr durchlässigen Substrat möglich; die Naturformen wachsen oft besser aufgebunden.
Temperatur: temperiert.
Gießen und Düngen: Die Pflanzen vertragen es nicht, wenn sie zu naß stehen; sie müssen daher das ganze Jahr über mäßig feucht gehalten und nur wenig gedüngt werden; aufgebundene Pflanzen täglich leicht übersprühen.

Luftfeuchtigkeit: 60 %.
Ruhezeit: Im lichtarmen Winter wachsen die Pflanzen langsamer.
Blütezeit: oft mehrmals im Jahr.
Besonderheiten: Oft blühen die Pflanzen mehrere Male hintereinander aus dem gleichen Blütenstiel; diese daher erst abschneiden, wenn sie vertrocknen. Am Blütenstiel bilden sich manchmal Kindel. Die können abgenommen und separat getopft werden, sobald sie ein ausreichend großes Wurzelsystem ausgebildet haben. Nach ca. zwei Jahren können diese Kindel zum ersten Mal blühen.

Wuchsform: sympodial, ohne Pseudobulben, Blätter fächerartig.

Pflegeraum: Fensterbank mit viel Licht; Gewächshaus.

Substrat: Topfkultur in durchlässigem, aber wasserspeicherndem Orchideensubstrat.

Temperatur: temperiert, einige Arten aber auch kühl.

Gießen und Düngen: Stets mäßig feucht halten und während des Wachstums leicht düngen; nicht zu sehr austrocknen lassen.

Luftfeuchtigkeit: 50–70 %.

Ruhezeit: Im lichtarmen Winter verlangsamt sich das Wachstum.

Blütezeit: Die Pflanzen blühen meist nach Abschluß des Neutriebs, vor allem bei Hybriden mehrmals im Jahr.

Besonderheiten: Die Pflanzen sind sehr fäulnisanfällig, wenn Wasser zwischen den Blättern stehen bleibt. Wenn einmal Wasser ins „Herz" laufen sollte, kann man es mit einem Taschentuch aufsaugen. Bei im Boden wachsenden Arten ist es wichtig, darauf zu achten, daß der Wurzelhals der Pflanze – also der Übergang von der Wurzel zum Sproß – von Pflanzstoff bedeckt ist. Auf Steinen wachsende Arten, wie *Paph. belatulum,* dürfen nicht zu tief gepflanzt werden.

Arten lassen sich aber im temperierten Bereich kultivieren.

Von den Frauenschuh-Gattungen ist *Paphiopedilum* am häufigsten in Kultur. Die Lippe ist eine Fallgrube für Insekten, die von der Blüte angelockt werden. Aus dem Schuh heraus führt nur ein Weg: vorbei an der Säule und den Pollinien. Die Blütenform steht also ganz im Dienst der Vermehrung. Dies findet man auch bei den anderen Frauenschuh-Gattungen *Cypripedium, Phragmipedium, Mexipedium* und *Selenipedium.*

PAPHIOPEDILUM

Die Arten der Gattung *Paphiopedilum* sind fast alle Erdorchideen. Die meisten leben in der Laubstreu dichter Wälder oder in Moospolstern. Einige Arten, wie *Paph. niveum,* leben als Lithophyten auf bemoosten Felsen, andere, wie *Paph. parishii,* als Humusepiphyten in Astgabeln auf Bäumen. Ihr Verbreitungsgebiet erstreckt sich von Indien im Westen bis nach Borneo und Neuguinea im Osten, von Südchina im Norden bis zur Insel Bougainville im Süden. So unterschiedlich wie die Gebiete und Klimaregionen sind die Ansprüche der Pflanzen an den Kulturraum. Die meisten

***Paphiopedilum curtisii** – ein typischer Frauenschuh*

Großblumige *Paphiopedilum*-Kreuzungen, wie diese, stammen oft aus England.

Bis 1992 wurden 12 600 Hybriden registriert, obwohl es nur etwa 65–75 Arten gibt. Es gibt also für jeden Liebhaber eine große Auswahl an Hybriden für seinen persönlichen Geschmack. Die einzigen Mehrgattungshybriden sind mit *Phragmipedium* angemeldet worden. Es sind aber seltsamerweise nie *Phragmipaphium*-Hybriden im Handel aufgetaucht. Durch Kreuzung mit den „Revolverblühern" hat man versucht, die in der Kultur etwas anspruchsvolleren mehrblütigen Arten auch für die Fensterbankkultur zugänglich zu machen. Eine andere Zuchtrichtung repräsentieren die von Spöttern als „Salatköpfe" bezeichneten großblumigen Hybriden mit runder, geschlossener Blütenform und sehr intensivem Farbspiel (siehe Foto oben).

Es gibt noch keine rein weißen Frauenschuhkreuzungen, aber die Züchter sind diesem Ideal mit *Paph.* Rosie Dawn, *Paph.* Miller's Daughter und *Paph.* F.C. Puddle schon sehr nahe gekommen. Fast schwarz sind Hybriden, die *Paph. callosum* var. *vinicolor* und andere dunkle Farbformen als Eltern haben.

Die neuen Hybriden mit *Paph. delenatii* zeigen ein sehr anmutiges und zartes Pastellfarbenspiel.

Will man die Gattung *Paphiopedilum* unter gärtnerischen Gesichtspunkten unterteilen, so bietet es sich an, dies anhand der Blütenstände zu tun. Danach ergeben sich drei Gruppen: die **Einblütigen**, die **Mehrblütigen** und die „**Revolverblüher**".

Unter den <u>Einblütigen</u> ist eine Reihe von Arten, die es gern etwas kühler mögen. Dazu gehören z. B. *Paph. insigne* oder *Paph. villosum*. Andere Einblütige wollen eher temperiert gehalten werden. Zu diesen zählen *Paph. callosum* und *Paph. sukhakulii*.

Ebenfalls einblütig sind die Zwerge unter den „Paphis": *Paph. niveum* und *Paph. bellatulum*. Diese Arten hatten entscheidenden Einfluß auf die weißen Hybriden. Sie sind im Gegensatz zu den anderen genannten Arten eher dem etwas erfahreneren Orchideenliebhaber vorbehalten, wenn auch viele hervorragende auf der Fensterbank zu kultivierende Pflanzen bekannt sind.

Einblütig sind auch die chinesischen Arten *Paph. armeniacum, Paph. delenatii, Paph. emersonii, Paph. malipoense* und *Paph. micranthum*. Achten Sie beim Kauf besonders darauf, nur Pflanzen aus gärtnerischer Vermehrung und nicht etwa aus Wildbeständen zu erwerben.

Für die Fensterbank gut geeignet sind die sogenannten „<u>Revolverblüher</u>" *Paph. chamberlainianum, Paph. glaucophyllum* und *Paph. pri-*

mulinum. Bei ihnen bildet sich die neue Knospe, während sich die ältere Blüte am gleichen Blütenstand gerade öffnet. Auf diese Weise kann sich die Blühphase auf mehrere Monate erstrecken. Alte Pflanzen mit vielen Seitentrieben blühen das ganze Jahr über.

Unter den <u>mehrblütigen Arten</u>, bei denen sich im Gegensatz zu den Vorgenannten alle Blüten etwa gleichzeitig öffnen, ist *Paph. philippinense* auch für die Pflege auf der Fensterbank geeignet.

Von den vielen hunderttausend importierten Frauenschuhen haben nicht allzu viele den drastischen Wechsel in Gewächshäuser oder Wohnzimmer überlebt. Achten Sie beim Kauf darauf, daß Sie starke Pflanzen, wenn möglich aus Nachzuchten, erwerben.

Bei Importen sollten Sie beim Erwerb vorsichtig sein und auf das Vorhandensein von CITES-Papieren achten, da alle *Paphiopedilum*-Arten auf Anhang 1 des Washingtoner Artenschutzabkommens stehen.

Paphiopedilum **Robinianum**

Phalaenopsis **Stadt Trier**

Ihr Verbreitungsgebiet erstreckt sich von Indien bis Papua-Neuguinea, von Südchina bis Nordaustralien. Außer den im Winter blühenden *Phalaenopsis amabilis*, *Phal. stuartiana* und *Phal. schilleriana* gibt es auch einige im Sommer und im Herbst blühende Arten. Nicht alle, aber die meisten Naturformen und Hybriden, sind sehr gut für die Fensterbankkultur geeignet. *Phalaenopsis* erfreut sich inzwischen einer weiten Verbreitung im Fachhandel. Sehr eng mit *Phalaenopsis* verwandt sind die Gattungen *Kingidium* und *Doritis*. Außer mit diesen beiden gibt es Kreuzungen mit *Vanda*, *Ascocentrum*, *Renanthera* und *Sarcochilus*, die häufiger zu finden sind. Bezüglich der Pflegeansprüche sind sie einander alle sehr ähnlich, und sie können gemeinsam kultiviert werden.

PHALAENOPSIS

Sie ist für viele der Inbegriff der Orchidee: die *Phalaenopsis*.
Die Vielfalt innerhalb dieser Gattung geht allerdings weit über das Angebot im Fachhandel hinaus. Es sind etwa 45 Arten beschrieben worden, die aber nicht von allen Fachleuten als jeweils eigenständige Art anerkannt werden.

Wuchsform: monopodial, meist dicke Luftwurzeln.
Pflegeraum: Fensterbank, Vitrine, Gewächshaus.
Substrat: Topfkultur.
Temperatur: warm.
Gießen und Düngen: Gleichmäßig feucht halten und während des Wachstums mäßig düngen.
Luftfeuchtigkeit: 60–70 %.
Ruhezeit: keine.
Blütezeit: variabel.
Besonderheiten: Oft bilden sich bei den im Winter blühenden Arten und Hybriden an den abgeblühten Blütenständen Verzweigungen, daher nur vertrocknete Blütenstiele entfernen. Winterblüher treiben ihre Blütenstände, wenn man sie für 3–4 Wochen um 3–5 °C kühler hält. Im Sommer blühende *Phalaenopsis* werden durch die Tageslänge beeinflußt. Sie sollten so viel natürliches Licht wie möglich erhalten.

Wuchsform: sympodial, wie *Paphiopedilum*.

Pflegeraum: die kleineren Arten auf der Fensterbank, die größeren im Wintergarten oder im Gewächshaus.

Substrat: Topfkultur, die kleineren Arten in einem wasserspeichernden, die größeren in einem gut durchlässigen Substrat.

Temperatur: kühl bis temperiert.

Gießen und Düngen: Gleichmäßig feucht halten und im Wachstum leicht düngen.

Luftfeuchtigkeit: 60 %.

Ruhezeit: keine; während der Blütezeit und im lichtarmen Winter, wenn sich das Wachstum verlangsamt, weniger gießen.

Blütezeit: meist Frühjahr oder Herbst.

Besonderheiten: Die kleineren Arten *Phrag. besseae*, *Phrag. pearcii* und *Phrag. richteri* wachsen unter sehr feuchten Bedingungen. Sie gedeihen am besten, wenn man ihre Töpfe in eine Schale stellt, die 2 cm hoch mit Wasser gefüllt wird.

Die größeren Arten und ihre Hybriden dagegen dürfen zwar niemals ganz austrocknen, vertragen aber keine Staunässe.

PHRAGMIPEDIUM

Von den drei süd- und mittelamerikanischen Frauenschuhen *Selenipedium*, *Mexipedium* und *Phragmipedium* sind nur die letzteren in gärtnerischer Kultur. Die südostasiatischen Frauenschuhe der Gattung *Paphiopedilum* haben ihnen den Rang abgelaufen. Einige *Phragmipedium* werden recht groß, und das Verhältnis zwischen Blütengröße und Pflanzengröße ist bei *Paphiopedilum* deutlich günstiger. Allerdings ist ein mehrtriebiges *Phrag. longifolium* oder ein *Phrag. caudatum* mit seinen mehr als 50 cm langen Petalen ein eindrucksvoller Anblick. Es gibt eine Reihe alter und sehr schöner Hybriden in der Gattung *Phragmipedium*, z. B. *Phrag.* Sedenii oder das tiefrote *Phrag.* Cardinale, leider sind viele dieser Hybriden unter falschem Namen im Handel. Nur bei Teilstücken aus alten Sammlungen kann man der Richtigkeit des Namens einigermaßen sicher sein. Aber auch wenn sich das vermeintliche *Phrag.* Schroedere „nur" als ein *Phrag.* Sedenii herausstellt, ist es dennoch unvergleichlich schön. Die neueren Hybriden mit *Phrag. besseae* und *Phrag. pearcii* sind erheblich kleiner und farbenprächtiger als die alten Kreuzungen. Mit ihnen eröffnet sich die Möglichkeit, *Phragmipedium* auch auf der Fensterbank zu pflegen. Sie bilden farblich einen interessanten Kontrast zu den *Paphiopedilum*-Arten.

Phragmipedium Sedenii

RENANTHERA

Mit Größen bis zu einem Meter sind die meisten Arten der Gattung *Renanthera* für die Fensterbank nicht mehr geeignet. Es dauert aber sehr lange, bis die Pflanzen eine solche Höhe erreichen, und sie blühen schon mit viel geringerer Größe. Diese Eigenschaft und der spektakuläre Anblick der reich mit meist feuerroten Blüten besetzten Blütenstände macht die kleineren Arten durchaus begehrenswert. Außerhalb der Blütezeit sind *Renanthera* optisch weniger reizvoll, da sie oft die unteren Blätter verlieren. Die 15 Arten stammen aus dem südostasiatischen Raum, von Indien bis zu den Philippinen.

Renanthera philippinense zeigt eine spektakuläre Pracht.

Wuchsform: monopodial mit langem Stamm, viele Luftwurzeln, Blätter zweizeilig, fleischig; Blütenstände aus den Blattachseln.
Pflegeraum: helle Fensterbank, Gewächshaus.
Substrat: Topfkultur in lockerem Rindensubstrat; Stütze für den Stamm notwendig.
Temperatur: warm.
Gießen und Düngen: Gleichmäßig gießen und düngen; täglich übersprühen.
Luftfeuchtigkeit: 60–70 %.
Ruhezeit: keine.
Blütezeit: Frühjahr und Herbst.

Besonderheiten: Oft werden die unteren Blätter abgeworfen. Beim Umtopfen kann man die Pflanze dann tiefer setzen. Häufig bilden sich seitlich am Stamm neue Pflanzen, die man getrennt eintopfen kann, sobald sie eigene Wurzeln haben. Es sieht allerdings schöner aus, wenn man sie an der Mutterpflanze beläßt.
Sehr empfindlich sind die Pflanzen gegen Wasser, das in den Blattachseln oder im „Herzen" stehenbleibt. Mit einem Papiertaschentuch das Wasser entfernen!

Es wurden eine ganze Reihe von sehr schönen Hybriden mit *Renanthera* geschaffen, um die Blütenfülle und Farbenpracht dieser Gattung mit dem gedrungeneren Wuchs und den günstigeren Pflegeansprüchen anderer Orchideen zu vereinigen. Dazu zählt z. B. die als *Renanthopsis* bezeichnete Kreuzung aus *Renanthera* und *Phalaenopsis*. Im Fachhandel ist mittlerweile *Renanthopsis* Mildred Jamieson neben einigen anderen Hybriden häufig zu finden.

Wuchsform: monopodial; viele dicke Luftwurzeln; Blätter zweizeilig, riemenförmig oder bleistiftartig.

Pflegeraum: helles Fenster, Wintergarten oder Gewächshaus.

Substrat: Kultur im Korb mit sehr grobem Rindensubstrat, auch aufgebunden oder ganz ohne Substrat möglich.

Temperatur: temperiert.

Gießen und Düngen: Gleichmäßig feucht halten, regelmäßig schwach düngen, täglich die Luftwurzeln übersprühen.

Luftfeuchtigkeit: 60–70 %.

Ruhezeit: keine.

Blütezeit: Frühjahr oder Herbst, mehrmals im Jahr möglich.

Besonderheiten: Die Pflanzen sind überaus lichthungrig und vertragen Morgen- oder Abendsonne sehr gut. Man muß darauf achten, daß nach Gießen oder Sprühen auf keinen Fall Wasser in den Blattachseln oder oben im „Herz" der Pflanze stehenbleibt. Dies führt unweigerlich zu Fäulnis und Blattabwurf und endet fast immer mit dem Tod der Pflanze.

Wenn die Luft nicht zu trocken ist, kann man die Pflanze auch ganz ohne Substrat kultivieren. Sie muß dann aber täglich übersprüht oder getaucht werden. Dies ist nur im Gewächshaus empfehlenswert.

Für die Fensterbank eignet sich die Kultur in Lattenkörbchen.

Einige Arten und ihre Hybriden können im Sommer an einem hellen, vor Regen geschützten Ort im Freien gepflegt werden. Sie blühen dann besser. Beispiele dazu sind *Vanda coerulea* und ihre Hybriden.

VANDA UND VERWANDTE

Der Name *Vanda* stammt aus dem Sanskrit. Einer Legende nach soll eine indische Göttin auf ihrem Nachtlager ihren Schleier vergessen haben, und an dieser Stelle wuchsen wunderschöne Blumen, eben die *Vanda*. Man findet Pflanzen dieser Gattung verteilt in fast ganz Südostasien, von Indien bis Borneo, von Indochina bis Australien. Besonders bekannt ist *Vanda coerulea*, denn sie ist eine der wenigen blauen Orchideen. Die Gattungen *Papilionanthe* und *Trudelia* wurden aus *Vanda* inzwischen ausgegliedert.

Es gibt Kreuzungen sowohl innerhalb der Gattung (zumindest vor der erfolgten Überprüfung der Gattungszugehörigkeiten) als auch mit anderen Gattungen. Die berühmteste Hybride ist sicherlich *Vanda* Rothschildiana mit großen, runden Blüten mit einem violetten Netzmuster auf hellblauem Grund. Eine andere sehr bekannte Kreuzung ist *Vanda* Miss Joaquim (*Papilionanthe hookerianum* x *Papilionanthe teres*, beide früher *Vanda*). *Ascocentrum* mit *Vanda* gekreuzt ergibt *Ascocenda*. *Ascda.* Princess Mikasa mit ihren tief blauvioletten Blüten ist sehr empfehlenswert, weil sie die Schönheit der *Vanda* mit der Anspruchslosigkeit von *Ascocentrum* in der Pflege vereint. Es gibt aber auch andere Farben bei *Ascocenda*, von Rot über Orange bis Gelb. Ebenfalls geeignet sind *Rhynchovanda* (mit *Rhynchostylis*) und *Aeridovanda* (mit *Aerides*), da sie kleiner bleiben und einfach zu pflegen sind.

***Ascocenda* Sennezauber**

DIE DEUTSCHE ORCHIDEENGESELL-SCHAFT (D.O.G.)

Die Deutsche Orchideenge-sellschaft bietet mit ihren fast 50 Ortsgruppen Gelegenheit, andere Orchideenliebhaber zu treffen und sich in Vor-trägen und bei Diskussionen über viele praktische und theoretische Aspekte der Orchideenkunde zu informie-ren. Eine Vielzahl von Aus-stellungen und der jährlich stattfindende Kongreß mit seinen internationalen Gästen und Vorträgen ergänzen die-ses interessante Informations-angebot.
Die zweimonatlich erschei-nende Zeitschrift „Die Orchi-dee" ist im Mitgliedsbeitrag enthalten. Kontaktadresse: D.O.G.-Zentrale, Flößweg 11, 33758 Schloß Holte Stuken-brock.

LITERATUR

Bechtel, H./Cribb, Ph./ Lau-nert, E.: Orchideen-Atlas, Ver-lag Eugen Ulmer, Stuttgart 1993.
Mergner, H.: Orchideenkunde, Blackwell Wissenschaftsver-lag, Berlin 1992.
Prater, W.: Orchideen für die Fensterbank, Franckh-Kosmos, Stuttgart 1992.
Richter, W./Röth, J.: Orchi-deen, Neumann Verlag, Ra-debeul 1993.
Röllke, L.: Das praktische Orchideenbuch, Verlag Eugen Ulmer, Stuttgart 1993.

BILDNACHWEIS

Mit Farbfotos von:
K. Funke, Bielefeld (7 ro, 8 l, 16 o, 31 u, 34 l, 36, 41, 47, 55, 56, 57);
IPO-Bildagentur, Linsengericht (12, 24 o, 27 u);
K. Krieger, Herdecke (5 o, 7 ru, 8 r, 14 l, 23 ro, 48);
mein schöner Garten/Stork, Ohlsbach (29);
E. Morell, Dreieich (14 M, 16 u, 23 u, 42, 51, 54);
W. Prater, Loßburg (25, 45, 50);
W. Redeleit, Bienenbüttel (10 ru, 15, 24 u, 27 o, 28 beide);
Reinhard-Tierfoto, Heiligkreuzsteinach (6 lo, 30, 31 o beide, 32 gr. Bild, 35 beide, 37 o, 46 u);
Atelier Rohner, CH-Ermenswil (22 alle, 23 lo);
L. Röllke, Bielefeld (1 alle, 4 beide, 5 u, 6 r, 7 l, 9, 10, 11 beide, 14 r, 17 beide, 18, 21, 32 kl. Bild, 33, 34 r, 37 u, 38, 39, 40, 43, 44, 46 o, 49, 52, 53, 58, 59).

Mit 9 Farbzeichnungen von Marianne Golte-Bechtle, Stuttgart (7), Reinhild Hofmann, München (8), Horst Lünser, Berlin (13, 18, 19, 20, 21); 2 Schwarzweißzeichnungen von Dr. Joachim Erfkamp, Detmold (9), Archiv Franckh-Kosmos/J. Dittmar (26).

IMPRESSUM

Umschlaggestaltung von Atelier Reichert, Stuttgart.
Umschlagvorderseite: Foto oben von Reinhard-Tierfoto, Heiligkreuzsteinach; Zeichnung von Marianne Golte-Bechtle, Stuttgart.
Umschlagrückseite: Foto links von Wolfgang Redeleit, Bienenbüttel; Foto rechts von Kuno Krieger, Herdecke.
Klappe außen: Foto von Kuno Krieger, Herdecke.
Infoline-Autorenbild: Privatbesitz Joachim Erfkamp, Detmold.
Klappe innen: Fotos von L. Röllke, Bielefeld; außer *Aerangis* von Wolfgang Redeleit, Bienenbüttel, *Laelia* x *Cattleya* von Olaf Gruß, Grassau, *Cymbidium* und *Odontoglossum* von Reinhard-Tierfoto, Heiligkreuzsteinach.

Mit 94 Farbfotos, 9 Farbillustrationen und 2 Schwarzweißillustrationen.

Die Deutsche Bibliothek – CIP-Einheitsaufnahme

Erfkamp, Joachim:
So blühen und gedeihen Orchideen / Joachim Erfkamp.
– Stuttgart :
Franckh-Kosmos, 199?
ISBN 3-440-07097-2

© 1996, Franckh-Kosmos Verlags-GmbH & Co., Stuttgart
Alle Rechte vorbehalten.
ISBN 3-440-07097-2
Lektorat: Engelbert Kötter
Grundlayout: Atelier Reichert, Stuttgart
Gestaltung: Gisela Dürr, München
Satz: ad hoc! Typographie, Ostfildern
Printed in Italy/Imprimé en Italie
Druck und Buchbinder: Printer Trento S. r. l., Trento

WICHTIGE BEGRIFFE AUS DER ORCHIDEENWELT

Bulbe: eigentlich aus verdickten Blättern gebildete Zwiebel, im Sprachgebrauch Kurzform für die **Pseudobulbe**, die Sproßknolle bei Orchideen, die manchmal wie eine Zwiebel aussieht.

Epiphyt: Pflanze, die auf einer anderen wächst, ohne ein Parasit zu sein. Außer Orchideen wachsen auch viele Tillandsien, Bromelien, Farne und Moose als Epiphyten auf der Rinde von Bäumen.

Hybride: Kreuzung zwischen zwei Pflanzen.

Lippe: meist als Landeplatz für die bestäubenden Insekten ausgebildetes Blütenblatt, das sich oft von den anderen in Größe und Form unterscheidet.

Lithophyt: Pflanze, die auf Steinen wächst.

Meristem: eigentlich ein Stück des Teilungsgewebes einer Pflanze, mit dem sie durch besondere Verfahren vermehrt wird; übertragen bedeutet der Begriff: Pflanzen, die durch Gewebekultur entstehen. Meristeme sind genaue Kopien der Elternpflanze.

monopodial: Wuchsform, bei der neue Blätter stets aus der Spitze des Stammes entstehen.

Petalen: die drei inneren Blütenblätter, bei Orchideen ist eines davon zur Lippe ausgebildet.

Pollinien: der zu einer meist kugeligen Masse verklebte Blütenstaub der Orchideen.

Säule: bei Orchideen sind die Staubblätter mit der Narbe zur Säule verwachsen.

Sepalen: die drei äußeren Blütenblätter, bei einigen Orchideen sind die seitlichen Sepalen miteinander verwachsen.

sympodial: Wuchsform, bei der die Neutriebe jeweils aus dem Wurzelstock oder aus der Basis des letzten Triebes entspringen.

Velamen: die abgestorbenen äußeren Zellschichten der Orchideenwurzel, die sie vor Austrocknung schützt und in der sie Wasser speichern kann.

STANDORT- UND PFLEGEKALENDER

Gattung	Wuchsform	Größe in cm	Kulturmethode	Temperatur	Lichtverhältnisse	Fensterbank	Vitrine	im Sommer Freilandkultur*	Ruheperiode*	leicht zur Blüte zu bringen	für Anfänger gut geeignet
Ada	s	≈ 50	T	k	h	–	x	5–10	11–1	nein	nein
Aerangis	m	≈ 20	B	t/w	h	x	x	–	–	einige	einige
Angraecum	m	20–100	B/T	t/w	h	x	x	–	–	einige	einige
Anguloa	s	≈ 100	T	t	sh	–	–	6–9	11–2	ja	ja
Ascocentrum	m	≈ 30	T/B	t/w	sh	x	x	6–9	–	ja	ja
Bifrenaria	s	≈ 40	T	t	h	x	x	6–10	9–12	ja	ja
Brassavola	s	30–50	K/B	t/w	sh	–	x	6–9	9–12	nein	nein
Brassia	s	≈ 60	T	k/t	h	x	–	5–10	10–2	ja	ja
Bulbophyllum	s	1–50	T/B	t/w	s	x	x	–	10–3	einige	einige
Calanthe	s	30–50	T	t	h	x	–	5–10	10–12	einige	ja

s = sympodial; m = monopodial; T = Topfkultur; B = Blockkultur; K = Korbkultur; t = temperiert; w = warm; k = kühl; sh = sehr hell; h = halbschattig; s = schattig; * = die Monatsangaben (z. B. 6–9) können wetterbedingt regional abweichen.

Gattung	Wuchs- form	Größe in cm	Kultur- methode	Temperatur	Lichtver- hältnisse	Fenster- bank	Vitrine	im Sommer Freilandkultur*	Ruhe- periode*	leicht zur Blüte zu bringen	für Anfänger gut geeignet
Cattleya	s	20–100	T	t	sh	x	x	5–10	variabel	viele	ja
Cirrhopetalum	s	1–50	T/B	t/w	s	x	x	–	10–3	einige	einige
Coelogyne	s	20–60	T/B	k/t	h	x	x	5–10	10–2	viele	ja
Cymbidium	s	50–150	T	k	sh	x	–	5–10	10–3	ja	ja
Dendrobium nobile	s	30–60	T	k	sh	x	–	5–10	10–2	ja	ja
Dendrobium phalaenopsis	s	30–60	T	w	sh	x	x	–	10–3	ja	ja
Dendrochilum	s	≈ 30	T	t	s	x	x	6–9	variabel	ja	einige
Doritis	m	≈ 20	T	w	h	x	x	–	–	ja	ja
Dracula	s	≈ 30	K	k (!)	h	–	x	–	–	nein	nein
Dryadella	s	≈ 15	T/B	t	s	x	x	5–10	–	einige	ja
Encyclia	s	20–100	T	t	sh	x	x	5–10	variabel	einige	einige
Epidendrum	s	20–200	T	t	sh	x	x	5–10	variabel	einige	einige
Laelia	s	10–100	T/B/K	k/t	sh	x	x	5–10	variabel	viele	ja
Lemboglossum	s	20–40	T	k/t	h	x	x	5–10	9–12	einige	ja
Lycaste	s	50–100	T	k/t	h	x	–	5–10	11–2	ja	ja
Masdevallia	s	10–30	T	k/t	s	x	x	5–10	–	einige	einige
Maxilliaria	s	5–50	T/B	t	h	x	x	5–9	–	einige	einige
Miltonia	s	30–40	T/B	t	h	x	x	5–10	–	ja	ja
Miltonioides	s	30–40	T	k	h	x	x	8–9	–	ja	ja
Odontoglossum	s	30–100	T	k	h	x	x	5–10	10–1	einige	nein
Oncidium	s	20–60	T/B/K	k/t	sh	x	x	5–10	variabel	viele	einige
Paphiopedilum	s	10–30	T	t	h	x	x	–	–	ja	ja
Papilionanthe	m	≈ 100	T/B/K	t/w	sh	–	–	–	–	ja	nein
Phalaenopsis	m	20–40	T	w	h	x	x	–	–	ja	ja
Phragmipedium	s	20–150	T	k/t	h	x	–	–	–	ja	ja
Psychcopsis	s	20–30	T/B	t	h	x	x	–	variabel	ja	ja
Renanthera	m	≈ 100	T/K	t/w	sh	x	–	–	–	nein	einige
Rhyncholaelia	s	≈ 30	T/K	t/w	sh	–	x	–	10–2	nein	nein
Rossioglossum	s	≈ 40	T	k/t	h	x	x	5–10	10–3	ja	ja
Stenocoryne	s	20–30	T	t	h	x	x	5–10	9–12	ja	ja
Tolumnia	s	10–30	T/K/B	t/w	sh	x	x	–	–	nein	ja
Trudelia	m	20–40	T/K	k	h	x	x	5–10	–	nein	ja
Vanda	m	50–150	T/K/B	w	sh	x	–	6–9	–	ja	einige

s = sympodial; m = monopodial; T = Topfkultur; B = Blockkultur; K = Korbkultur; t = temperiert;
w = warm; k = kühl; sh = sehr hell; h = halbschattig; s = schattig; * = die Monatsangaben (z. B.
6–9) können wetterbedingt regional abweichen.